택배기사 우리들의 이야기

택배기사 우리들의 이야기

이민원 지음

좋은땅

책을 내면서

　검도관을 하면서 결혼 전에는 학부모님들의 걱정과 자녀에 대한 관심이 너무 지나치다고 생각했던 것들이 내가 결혼을 하고 자녀를 키워 보니 그 심정을 이해하듯이, 내가 택배일을 하기 전에는 택배기사들의 노고에 큰 관심을 갖지 못하였다. 검도관을 그만두고 택배일을 하면서 택배기사님들을 다시 한번 보게 되면서 존경심까지 들게 되었다.

　자녀에게까지 물려주고 싶을 정도로 이 택배는 노동의 진정한 보상을 받을 수 있는 정직한 직업이다.

　택배기사로 일한다는 것은 정말 성실하다는 것이다.

　내가 이 책을 쓴 계기는 10년 동안 택배를 하면서 느낀 점들을 메모해 두었다가 글로 쓰게 된 것인데 극히 내 개인적인 생각과 느낌이란 것을 밝히며 이 글로 인한 오해가 없기를 바랍니다.

　나보다 더 많은 일들을 겪고 인내해 오신 선배님들과 코로나 이후에 택배를 시작한 기사님들과의 괴리가 있을 수 있음을 참조하시기 바라며 이 책을 읽는 모든 독자들이 택배기사를 특정한 사람이 아닌 나의 가족으로 봐 주시며 읽어 주시길 부탁드립니다.

　택배가 하나의 문화로 자리 잡은 만큼 성숙한 인격을 가진 사람들이 많아지기를 소원합니다.

2025년 무더운 여름에
택배기사 이민원

목차

책을 내면서 — 5

1 택배를 시작한 계기 — 9
2 눈물 젖은 도시락 — 12
3 외톨이 — 15
4 살려 주세요(엘리베이터에 갇히다) — 17
5 밥 먹고 가 — 20
6 공부 못하면 배달한다 — 22
7 무릎 꿇고 사과하세요 — 25
8 박스에 적지 마세요 — 28
9 엘리베이터 전세 냈어? — 30
10 사장님 감사해요 — 33

11 신비의 손 — 36
12 지금 당장 입원 안 하면 당신 죽어 — 38
13 중고 사기 — 41
14 기분 나빠서 못 먹겠어요 — 43
15 카드 돼요? / 세금계산서 끊어 주세요 — 45
16 순서 좀 바꿔 주세요 — 47
17 반반 합시다 — 49
18 택배차 찾아가세요 — 52
19 택배 착불 입금 부탁드립니다 — 54
20 '언제 와요 / 내용물이 뭐예요 / 누가 보냈어요'
   이런 전화 하지 마세요 — 57

21	공공의 적	— 60
22	코로나 전과 후의 택배	— 62
23	아빠가 창피하니?	— 66
24	아저씨 저 택배기사 할래요	— 68
25	성추행으로 고소합니다	— 70
26	별이 되신 어르신	— 72
27	이런 것도 배송한다고?	— 74
28	하나는 기사님 거예요	— 77
29	왜 설치는 안 해 줘요?	— 79
30	택배차 사기	— 81
31	경비아저씨가 무서워요	— 83
32	제발 옷 좀 입어요	— 86
33	썩은 냄새는 뭐지?	— 88
34	갈비뼈 골절	— 91
35	자동차보험 공동 인수	— 94
36	거지 근성	— 97
37	택배 요금의 불편한 진실	— 99
38	택배가 내 손에 오기까지	— 103
39	이실직고	— 105
40	직업병	— 109

41	택배기사가 바라본 물류 전망	— 111
42	뭐가 그리 즐거워	— 114
43	오지랖	— 116
44	못 들은 걸로 하고 보내 주세요	— 118
45	장애를 딛고 서다	— 120
46	아빠 나도 차박 하고 싶어	— 123
47	동물농장	— 126
48	산타가 된 택배기사	— 130
49	다문화 배송기사	— 132
50	우기면 장땡?	— 134
51	경기가 안 좋은가	— 137
52	달라진 시선	— 139
	에필로그	— 140
	부록	— 144

택배를 시작한 계기

나는 검도관 관장이었다.

광명에서 검도관을 운영하던 중에 결혼을 했고, 결혼 후 1년 뒤 아무 연고도 없는 아산으로 이주해 검도관을 다시 개관하였다.

아산은 현대자동차와 삼성반도체가 자리 잡고 있어 경제적으로 부족함이 없다는 이야기를 듣고 우리 부부는 새벽기도를 통해 아산으로 이주를 결정한 것이다.

정말 오픈과 동시에 많은 관원들이 몰려들었다.

삼성 반도체 앞에 자리 잡고 있어 성인들이 많이 입관하였다.

4년쯤 지나자 건물주와 문제가 생겨 검도관을 접을 수밖에 없었다.

검도관을 접을 무렵 나의 아내는 임신 중이었다.

결혼 후 7년 만의 2세 소식이었다.

반가움과 동시에 어깨가 무거워졌다.

백수였기 때문에…

무엇인가 해야겠다는 생각에 온라인 쇼핑몰을 시작했다.

등록한 교회에 그 당시 집사님(현 장로님)이 천연세제 제조 공장을 운영하시는 분이 계서 공장도 가격으로 물건을 구입해 직접 소분, 포장까지 하며 상세페이지도 쇼핑몰 창업 교육을 쫓아다니며 직접 만들어 판매하였다.

내가 봐도 허접해 보이는 쇼핑몰이었지만 거래가 이어지기 시작했다.

정말 온라인 쇼핑몰이 재미있고 신기했다.

하지만 우리 식구가 생활하기에는 턱없이 부족한 금액이었다.

아기가 태어나고 분유값, 기저귀값이라도 벌어야겠다는 생각으로 취업을 결심하고 이력서를 제출했지만 당시 내 나이 38살, 아무 곳도 받아 주는 곳이 없고 간혹 공장에서 연락이 오곤 했다.

공장에서 일도 해 보고 서울로 보험회사 콜센터도 다녀 보고 일용직 물류센터에서 일도 해 보고, 나름 조건 좋은 데는 교대근무에 주일에도 일을 해야 하는 곳이었다.

나는 크리스천이라 주일을 지키는 일자리를 찾고 있었다.

당시 교회 집사님(현 장로님)이 하시는 새벽 학교 급식 식자재 배송을 하고, 오후에는 지인이 운영하는 검도관 사범으로 일을 하고 밤에는 치킨 배달로 생계를 이어 나가고 있었다.

3잡을 하니 나름 수입은 괜찮았다.

그러던 중 우연히 벼룩시장을 통해 택배가 고수입을 얻을 수 있고 주일도 지킬 수 있다는 광고를 보고 모든 걸 내려놓고 택배를 시작하게 되었다.

양손에 검을 쥐던 내 손은 어느덧 택배를 들고 이리저리 칼춤을 추듯 뛰어다니며 배송을 하고 있다.

검도관 철거 모습

응달에도 햇빛 드는 날이 있다.
- 만사가 순환하는 것이니 불운하던 사람에게도
행운을 만날 때가 있다는 말

당신이 할 수 있는 것이나 할 수 있기를 꿈꾸는 것이 있으면 그것이 무엇이든 시작하라. 대담함 속에 천재성과 힘과 마법이 들어 있다. 지금 시작하라.
- 괴테

너의 행사를 여호와께 맡기라. 그리하면 네가 경영하는 것이 이루어지리라.
- 잠언 16:3

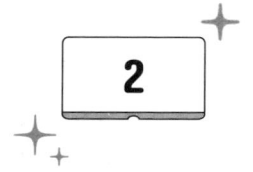

눈물 젖은 도시락

처음 택배를 시작할 때가 추석연휴가 지나고 바로였다.

처음 시작한 택배가 지금은 없어졌지만 엘*우 캡 택배와 K*B 택배를 동시에 같이 진행하는 지점이었다.

추석 이후가 택배 성수기인 걸 그때 알았다.

농사한 수확물이 가장 몰리는 시기이기 때문이다.

나는 택배 초짜이기에 다른 사람들이 하지 않는 외곽지역을 맡아야 했다.

간선차 기사가 알바로 하고 있던 자리인데 너무 힘들어서 못 하겠다고 하여 사람을 뽑게 되었던 것이다.

대부분 외곽지역은 인수인계를 3-4일 정도 하는데 나는 하루 인수인계 받고 지도 한 장 받고 다음 날 바로 혼자 배송을 나가야 했다.

아침 6시에 하차가 진행되었다.

내가 처음 배정받은 곳은 아산 신창 남성리, 행목리, 읍내리였다.

아파트만 무려 11개 단지였다.

배송이 끝나고 택배 터미널에 도착하면 밤 11시가 훌쩍 넘었다.

집하(택배 보내는 것)는 생각도 못 하고 반품을 상차해야 하는데 나 때문에 간선차가 출발을 못 하고 있었다.

지점장님도 내가 들어올 때까지 퇴근을 하지 않으셨다.
아마도 이 친구가 그만두지 않을까 걱정되어 그러지 않으셨을까?

점심은커녕, 와이프가 싸 준 도시락을 먹을 시간도 없었다.
집에 와서 씻고서야 도시락을 먹는다.
일주일 정도 지나니 시간이 1시간 단축이 되었다.
너무 배가 고파 9시쯤 배송 구역 아파트 담벼락에 차를 세워놓고 도시락을 먹는데 왜 이리 서러운지 눈물이 나기 시작했다.
내가 그래도 검도관 관장이었고, 잘나갈 때는 대학에서 외래교수로 있었는데…
'그래, 3개월만 버텨 보자. 남들도 다 하고 있고 누군가는 했던 곳이고, 내가 왜 못 해. 한번 해 보자.' 다짐하며 핸드폰 속에 있는 우리 딸 사진을 보며 눈물 젖은 도시락을 먹으며 남은 힘을 내어 다시 배송을 하기 시작했다.
그때의 차갑게 변한 굳은 밥은 지금도 잊혀지지 않는다.

당겨 놓은 화살을 놓을 수 없다.
  － 이미 만반의 준비를 갖추고 시작한 일을
  도중에 그만두어서는 안 된다는 말

정말로 무언가를 원한다면 열심히 노력하고, 기회를 이용하고, 결코 포기하지 말라.

모든 육체에게 먹을 것을 주신 이에게 감사하라. 그 인자하심이 영원함이로다.

－ 시편 136:25

외톨이

택배를 시작하면서 구역 인수인계만 받았지, 물건 적재 방법이나 물건 찾는 법, 송장 정리하는 것 무엇하나 가르쳐 주는 사람이 없었다.

하차 후 다들 차에 택배를 싣고 송장 정리하러 사무실에 들어가면 나는 그제서야 택배를 싣고 사무실에 들어간다.

내가 사무실에 들어갈 때면 다른 기사님들은 배송 시작하러 출발을 한다.

마치 내가 전염병에 걸린 사람처럼 나를 피해 가는 것 같은 기분은 뭘까?

그제서야 혼자 남아 송장 정리를 마치고 배송을 시작하게 되면 맨 마지막으로 터미널에 들어오게 된다.

지금은 송장을 탈거하지 않고 스캔작업을 하지만 예전에는 송장을 일일이 탈거했다.

이런 나를 안쓰럽게 지켜보시는 분이 계셨다.

지점장님 이모부셨는데, 하루는 나에게 하차하면서 분류하는 것, 차에 짐 쌓는 것 하나하나 코치해 주셔서 시간을 단축하게 되었다.

택배는 시간과의 싸움이기에 다들 가르쳐 주고는 싶었겠지만 바쁜 배송 시간에 쫓기다 보니까 그랬을 거라 나름 생각해 본다.

이렇게 생각하지 않으면 내가 너무 불쌍해 보이니까. ㅠㅠ

그래서 지금까지 나도 새로운 기사들이 오면 노하우를 전해 주고 있다.
그들도 나 같은 소외감을 느끼게 하고 싶지 않았기에…

닭 소 보듯, 소 닭 보듯
　　　－ 서로 상대방의 아는 일에 아무 관심이 없을 때 사용하는 말

감사하는 사람은 남에게도 감사하는 마음을 심어 준다. 다른 사람들의 도움에 고마움을 표시하지 않고는 성공을 이룰 수 없다.
　　　　　　　　　　　　　　　　　－ 알프레드 노스 화이트헤드

또 무엇을 하든지 말에나 일에나 다 주의 이름으로 하고 그를 힘입어 하나님 아버지께 감사하라.
　　　　　　　　　　　　　　　　　－ 골로새서 3:17

살려 주세요
(엘리베이터에 갇히다)

　대학교에서 일어난 일이다.

　코로나 이후에 비대면 배송으로 바뀌었지만 예전에는 다 대면 배송을 원칙으로 했다.

　아파트나 일반 주택일 경우 전화를 일일이 걸어 집에 계신지를 확인하고 안 계시면 위탁 장소에 보관해 배송을 하였다.

　대학교는 학과 사무실을 제외한 나머지 곳은 무인 택배함을 이용한다.

　수업 시간인지 아닌지 알 수 없기에 무인 택배함은 핸드폰 번호를 입력하면 고객한테 비밀번호가 전송이 된다.

　하지만 안심번호일 때는 내 핸드폰 번호로 전송받아 다시 고객한테 전송해 주어야 하는 불편함이 있다.

　그날은 학과 사무실로 택배를 배송하려고 엘리베이터를 탔다.

　그런데 갑자기 쿵 하더니 엘리베이터가 멈춰 선 것이다.

　당시 와이프랑 같이 일하고 있었는데 와이프는 내 전화로 일일이 고객하고 차에서 전화 업무를 하고 있었다.

　마침 핸드폰을 차에 두고 왔기에 등에서 식은땀이 흘러내렸다.

　침착해야지 마음먹고 비상벨을 눌러 업체와 통화할 수 있었다.

담당자가 도착하기까지 1시간 이상이 걸린다고 했다.

그래서 먼저 119에 신고해 준다고 했다.

나는 시간을 지체할 수 없었기에 손으로 문을 열어 보려 했지만 열리자 않자, 엘리베이터 문을 때리며 소리쳤다.

"살려 주세요! 여기 사람 있어요."

얼마나 소리를 쳤던지 수업 중인 학생들이 나와 문을 강제로 열려고 시도했지만 열리지 않자 학생들이

"아저씨 괜찮아요? 조금만 참으세요." 하고 소리쳤다.

119에 신고했으니 곧 올 거라고, 119가 올 때까지 앞에서 계속 말을 걸며 안심시켜 주었다.

20분 후 119가 도착해서 문이 열리자 학생들이 안도의 박수를 보내 주었는데, 나는 고맙다는 인사보다 바로 택배를 배송하고 계단으로 급히 내려왔다.

이 와중에도 내 일을 먼저 생각하게 되는 이 상황이 착잡했다.

남편이 배송하고 늦게 오는데 와이프는 걱정은커녕 계속 전화기를 붙들고 통화하고 있었다.

자초지종을 이야기했더니

"아, 그런 일이 있었어? 큰일 날 뻔했네."

그러더니 계속 전화 업무를 하고 있었다.

속으로 내가 얼마나 무서웠는데…

그래서 다음날 바로 무전기를 구입했다.

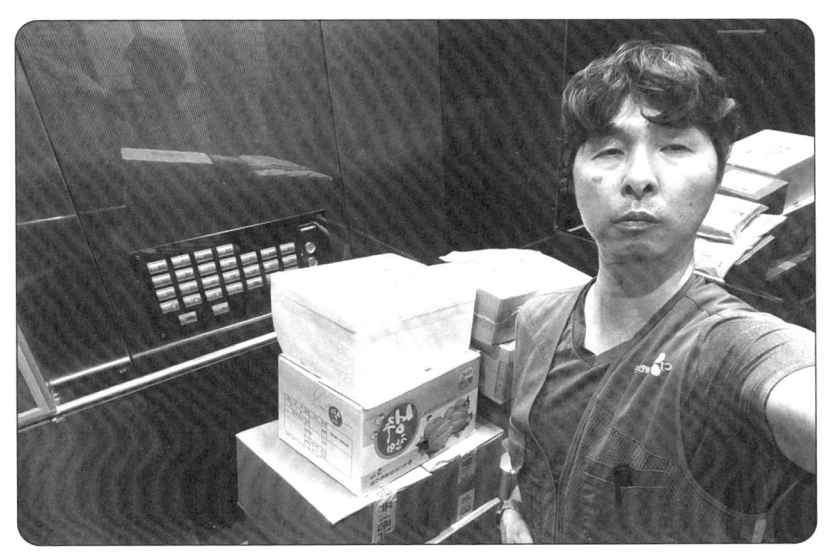

가던 날이 장날
  – 일을 보러 가니 공교롭게 장날이라는 뜻으로, 생각 않던 일로
  공교로이 일이 잘 들어맞거나, 틀어짐을 말함

감사하는 법을 배울 때 우리는 인생에서 나쁜 일이 아니라 좋은 일에 집중하는 법을 배우고 있는 것이다.
– 에이미 반데빌트

내게 능력 주시는 자 안에서 내가 모든 것을 할 수 있느니라.
– 빌립보서 4:13

밥 먹고 가

택배를 시작한 지 1년쯤 되었을 때다.
밤 9시가 넘어가고 있었다.
일반 빌라에 배송 중이었는데 노모와 딸이 같이 살고 있었다.
딸이 밤에 일하는 사람이라고 했다.
마침 식사 중이었는데 저녁 먹었느냐고 노모가 물어보는 것이었다.
"아니요, 점심도 못 먹고 지금까지 배송 중이네요."
"이런, 배고파서 어떡해?"
"빨리 끝내고 집에 가서 먹어야죠."
"들어와, 밥 먹고가."
"괜찮아요."
"아니야, 그러면 부침개라도 먹고 가."
팔을 잡아 이끄시어 집으로 들어갔다.
"그러면 부침개만 먹고 갈게요."
마침 너무 배가 고파 부침개를 허겁지겁 먹고 가려 했는데 커피까지 타 주시어 먹고 간 기억이 있다.
그 노모의 마음이 우리네 어머니들의 마음이 아닐까 생각한다.

포덕취의(飽德醉義)

― 덕에 배부르고 의리에 취한다는 뜻

세상은 감사하는 자의 것이다. 감사함으로써 세상은 더욱 아름다워지기 때문이다. 나는 그렇게 살아왔고, 앞으로도 그럴 것이다.

모세가 이르되 여호와께서 이같이 명령하시기를 이것을 오멜에 채워서 너희의 대대 후손을 위하여 간수하라. 이는 내가 너희를 애굽 땅에서 인도하여 낼 때에 광야에서 너희에게 먹인 양식을 그들에게 보이기 위함이니라 하셨다 하고

― 출애굽기 16:32

공부 못하면 배달한다

어느 날 아파트 배송 중에 있었던 일이다.

마침 아이들 하교 시간에 맞물려 배송하고 있었는데 구르마에 택배를 잔뜩 싣고 엘리베이터를 탔는데 다급한 목소리가 들려왔다.

"잠시만요, 같이 가요."

한 아이와 어머니와 같이 타게 되었다.

그 동은 엘리베이터가 두 개 있었다. 그냥 올라갈까 하다가 같이 가게 되었다.

나는 늘 그렇듯이 올라가면서 해당 층의 버튼을 눌렀다.

그때 꼬마아이가 엄마한테

"엄마, 왜 층층마다 다 눌러?"

"어, 그건 아저씨가 택배 배달하느라고. 너도 공부 못하면 저 아저씨처럼 배달 해야 돼."

나는 내 귀를 의심했다.

뭐라고? 공부 못하면 배달해야 한다고? 그것도 한국 사람이 한 말도 아니고 동남아 여성이. 그런데 그 아이의 말이 더 충격적이었다.

"싫어."

아니 대부분 택배기사님들의 최종학력이 대졸인데 모르면 몰라도 내가 당신 남편보다 연봉이 더 셀걸.

또, 얼마 전에는 다른 아파트 엘리베이터에서 올라가려 하는데 다급한 할머니의 목소리가 들려왔다.
"잠시만요, 같이 가요."
이 상황이 데자뷰인가?
할머니가 나를 보시더니 한마디 하신다.
"속상해 죽겠어, 내 아들이 대학 나왔는데 택배 하겠대. 어찌 수입은 괜찮아?"
"네, 괜찮아요."
속으론 '할머니 저도 대학 나왔어요.'라는 말이 목구멍까지 나왔다.
이 일이 있고 대리점의 기사들에게 대학 안 나온 사람 있냐고 묻고 다녔다. 90% 이상이 대졸이다.

개구리 올챙이 적 생각 못 한다.
— 형편이나 사정이 전에 비하여 나아진 사람이 지난날의 미천하거나 가난하던 때의 일을 생각지 아니하고 처음부터 잘난 체 뽐냄을 비유적으로 이르는 말

달 보고 짖는 개
— 어리석은 사람이 남의 일에 대해 잘 알지도 못하면서 이렇다 저렇다 말하는 사람을 비유한 속담

위대한 일을 하는 유일한 방법은 자신이 하는 일을 사랑하는 것이다.

— 스티브 잡스

사람의 삶의 질은 어느 분야를 선택했든 관계없이, 일류가 되기 위한 노력에 비례한다.

— 피터 드러커

누구든지 일하기 싫어하거든 먹지도 말게 하라 하였더니

— 데살로니가후서 3:10

무릎 꿇고 사과하세요

"기사님 문자 받고 전화드렸는데요, 택배가 문앞에 없는데요?"
"송장 번호 남겨 주시겠어요?"
이후 송장 번호가 문자로 왔다.
"ㅅㅎ아파트 ***동 ***호 맞으세요?"
"아닌데요, ㅅㅎ1차 ***동 ***호인데요."
"보내시는 분이 이 주소로 보냈습니다. 여기 문 앞에 놓아 두었으니 찾아가셔야 할 거 같은데요?"
"갔는데 문 앞에 없으면 어떻게 하실 거예요?"
"그러면 cctv 확인해 보셔야 할 거 같은데요?"
"cctv에 기사님 얼굴이 안 나오면 저한테 무릎 꿇고 사과하실 거예요?"
"네, 그러면 cctv에 제가 놓고 가는 장면이 나오면 저한테 무릎 꿇고 사과하실 거예요?"
"지금 무슨 소리 하시는 거예요?"
"먼저 그렇게 말씀하셨잖아요, 제가 잘못 배송한 것도 아니고 주소대로 배송했는데 그렇게 말씀하시면 안 되죠."

이후 고객센터에 저를 신고했더라고요.

이분이 진상 고객으로 유명한 분이신데 거기 배송하시는 기사님도 많이 당하셨더라고 하더라고요.

씨*이 초창기에 와이프랑 같이 일할 때에도 이분이 주소를 잘못 기재해 경비실에 보관한다고 했더니,

"택배기사들은 다 짜증 나."

이걸 들은 와이프가

"주소 잘못 적은 것이 택배기사가 아닌데 그렇게 말씀하시면 안 되죠."

했더니 바로 불친절한 기사님이라고 신고했더라고요.

담당 기사님이 반품을 문 앞에 놓아 달라고 했다는데 반품 물품이 명품 가방이었던가 봅니다.

이게 얼마짜리인데 분실되면 책임지실 거냐고, 기사님 월급으로도 못 산다고.

어린이집 교사이신 거 같다는데 학부모님에게 당하신 걸 택배기사님에게 분풀이하시는 거 같더라고요. 휴~~

가랑잎이 솔잎더러 바스락거린다고 한다.

― 더 바스락거리는 가랑잎이 솔잎더러 바스락거린다고 나무란다는 뜻으로, 허물이 많은 자가 자기의 허물은 생각하지 않고 도리어 허물이 적은 자를 나무라는 경우를 비유적으로 이르는 말

결국 중요한 것은 살아온 날들이 아니라 살아온 날들 속에서 어떤 삶을 살았냐는 것이다.

– 에이브러햄 링컨

우리가 우리에게 빚진 자들을 용서하는 것같이 우리의 빚진 것들도 용서해 주시오며

– 마태복음 6:12

박스에 적지 마세요

다들 택배 박스를 받으면 주소라든지 이름이 박스나 송장에 적혀 있는 것을 보았을 겁니다.

왜 기사들은 박스나 송장에 주소나 이름을 적는 걸까요?

한번은 이런 전화를 받은 적이 있었습니다.

"기사님 제발 택배 박스에 주소를 안 적었으면 좋겠습니다. 분리수거할 때 개인정보가 유출이 돼요."

"고객님 죄송합니다. 하지만 하루에 몇백 개씩 배송하고 차에 적재하다 보면 빨리 찾고 다른 택배와 섞이지 않게 우리가 알아보기 쉽고 정확하게 배송하기 위해 적는 겁니다. 이것은 고객님을 위해 적기보다 배송을 더 정확히 신속하게 하기 위한 것이니 양해 부탁드립니다."라고 했더니 다음에는 조금 작게 적어 달라 해서 "그렇게 하겠습니다."라고 말한 적이 있습니다.

박스에 적는 건 택배기사님들의 업무를 수월하게 하기 위해 박스 앞, 옆에 적는 것이니 이해해 주시기 바랍니다.

말이 고마우면 비지 사러 갔다가 두부 사 온다.
― 상대편이 말을 고맙게 하면 생각하였던 것보다 훨씬 더 후하게 해 주게 된다는 말, 말에는 큰 힘이 있으니 상대방을 헤아려 하는 말이 중요하다는 뜻
(비지: 두부를 만들고 남은 찌꺼기)

인생에는 두 가지 비극만 있다. 하나는 원하는 것을 얻지 못하는 것이고, 다른 하나는 원하는 것만 얻는 것이다.
― 오스카 와일드

사람은 그 입의 대답으로 말미암아 기쁨을 얻나니 때에 맞는 말이 얼마나 아름다운고.
― 잠언 15:23

엘리베이터 전세 냈어?

누구나 한 번쯤은 겪었을 것입니다.

아파트 거주하시는 분들은 택배기사님들 때문에 엘리베이터 문제로 힘드셨을 겁니다.

우리 기사들도 엘리베이터를 탈 때마다 긴장을 하게 됩니다.

특히 고층 15층 이상 되는 아파트들은 더 고초가 있으실 거예요.

엘리베이터를 타다가 올라가면서 배송하면

"아저씨 내려가면서 하세요."라고 하고

내려가면서 배송하면

"아저씨 올라가면서 하세요."

"내려가는 사람은 볼일이 있어 가는 사람이라 바빠요."

올라가는 사람도 화장실이나 용무가 바쁘다는 분도 계십니다.

둘 다 맞는 말인데…

그런데 어차피 올라가면서 배송하는 거랑 내려가면서 배송하는 거랑 똑같은데 어느 장단에 맞춰 드려야 하나 모르겠네요.

무엇보다 배달 음식 라이더분과 만나면 그분들이 더 짜증을 내시니 그때는 제가 음식 배달까지 같이 해 드립니다.

타이밍이 맞지 않아 내가 먼저 승강기를 타고 배송하다 내려오면서 라이더분을 만나면 욕부터 하는 라이더분들이 많습니다. 게다가 같이 타고 올라가면서 내가 더 올라가면 계단으로 내려가면서 내림 버튼을 다 눌러 놓고 가는 라이더분들도 있었습니다.

엘리베이터 때문에 욕도 먹어 보고 멱살도 잡혀 보고…

한번은 어떤 분이

"이 양반아, 당신이 엘베 전세 냈어? 관리실로 따라와."

멱살 잡으며 관리실 직원을 호출하더니.

"앞으론 택배기사, 우유배달 승강기 사용 못 하게 하세요."

어이가 없었습니다. 그 해당 동에는 우리 장모님이 살고 계셨어요.

"이봐요, 나도 여기 동 입주민이야."

"어디 사는데?"

"***동 ***호 확인해 보세요."

확인해 보더니

"그걸 왜, 지금 말해요?"

꼬리를 내리더니 미안하다는 말도 없이 그냥 가더라고요.

이 사람이 내가 택배 한다고 천민으로 생각했다가 양반인 걸 알고 꼬랑지를 내리는구나…

서로 조금씩만 배려해 주시면 감사하겠습니다.

어느 장단에 춤추랴.
— 어떤 일을 주관하는 사람이 많아 누구의 말을 따라야 할지 알 수 없음을 비유적으로 이르는 말

우리는 흔히 신체접촉, 미소, 친절한 말, 경청, 솔직한 칭찬, 배려의 작은 행위가 가진 힘을 과소평가한다. 하지만 이런 것들은 삶의 방향을 바꾸어놓을 수 있는 잠재력을 가지고 있다.
— 레오 버스카글리아

어리석은 자는 그 노를 다 드러내어도 지혜로운 자는 그 노를 억제하느니라.
— 잠언 29:11

사장님 감사해요

　택배를 하면서 진상 고객을 많이 접하게 되지만 반면 고마운 고객분들도 많이 계신다.
　한 지역을 10년 동안 하다 보니 한 가정의 출산 과정도 보게 된다.
　내가 기저귀와 분유를 배송한 것이 엊그제 같은데 벌써 초등학생이 되어 학교에 가는 모습까지 보게 된다.
　그 어머니께서는 매번 음료수와 간식을 반품 때는 물론 배송할 때도 챙겨 주시지만 꼭 손글씨와 문자로 안부를 전해 주시면서 항상 끝에 'God bless you'라고 적어 주신다.
　교회 다니시는 것 같은데 이런 선한 영향력이 택배기사들에게 전달되기를 바라고 있다. 한번은 여름에 아이스크림을 주셨는데 녹기 전에 먹어야 했기에 배송이 다소 지연된다고 했더니 다소 미안해하시던 표정이 잊혀지지 않는다. 그래도 어김없이 간식을 챙겨 주신다.

　또, 한 분은 코로나 초기에 마스크 대란이 있을 때 마스크와 음료수, 간식뿐만 아니라 농산물까지 수년 동안 챙겨 주시는 고마운 분들도 계시고, 코로나 때부터 지금까지 문 앞에 마스크를 놓고 택배기사님들에게 하루에 하나씩 가져가라고 하시는 입주자 대표님도 계셨다.

코로나 이후로 많은 택배기사님들이 과로사로 세상을 떠나시면서 기사들을 바라보는 시선들이 많이 바뀌게 되는 계기가 되었다.

나도 너무 받기만 하는 거 같아 그분들에게 보답하고 싶어 예전에 쇼핑몰에서 판매하던 친환경 세제를 선물로 드린 적이 있다.

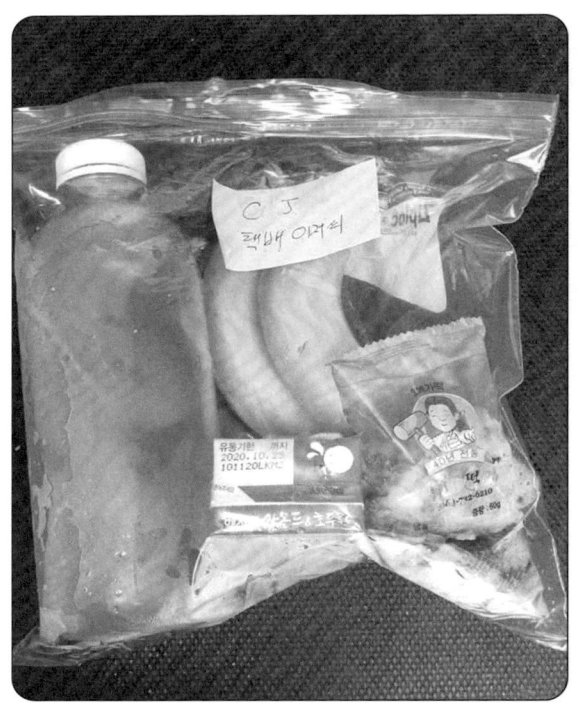

각골난망(刻骨難忘)
　　- 입은 은혜에 대한 고마운 마음이 뼈에 사무쳐 잊혀지지 않음

사람이 쓰는 말 중에서 감사하는 말처럼 아름답고 고귀한 말은 없다. 감사가 있는 곳에는 인정이 있고, 웃음이 있고, 기쁨이 있고, 넉넉함이 있기 때문이다.

― 평생감사카드

예수께서 가라사대 네 마음을 다하고 목숨을 다하고 뜻을 다하여 주 너의 하나님을 사랑하라 하셨으니 이것이 크고 첫째 되는 계명이요
둘째는 그와 같으니 네 이웃을 네 몸과 같이 사랑하라 하셨으니

― 마태복음 22:37-39

신비의 손

어느 날 사무실로 조립식 컴퓨터를 배송한 적이 있다.

얼마 지나지 않아 맞교환으로 다시 컴퓨터가 왔다.

그런가 보다 하고 지나갔는데, 파손 사고라는 문자가 고객센터로부터 왔다.

무슨 사고인가 내용을 살펴보았더니 컴퓨터 안에 외장하드 꽂는 곳에 핀이 하나 찌그러져 있다는 것이다.

정말 내가 신이 아닌 이상 외부에 파손도 아닌 내부에 있는 핀까지 파손시킬 수 있나? 정말 신의 손인가?

고객센터에 이의제기를 하였으나 받아들여지지 않고 1/n로 배상한 적이 있다.

원래 깨지기 쉬운 유리, 플라스틱, 아이스박스, 가전제품들은 파손 면책인데 회사 직영에서 집하하는 것은 예외 적용을 받고 있다.

타 택배회사에서 근무할 때는 어플에서 파손이 발생하면 사진과 송장을 사진 찍어 전송하는 시스템이 존재하는데 씨*이 대**운은 파손 스캔이 따로 있어 몇 개로 몇백 명이 같이 쓰고 있다 보니 고장이나 다른 사람이 쓰고 있을 때는 제때 파손 스캔을 잡을 수가 없다. 그러다 보니 하차 후 1시간 이내에 파손 스캔을 잡지 않으면 기사에게 책임이 전가되는 시스템이다. 만약 이 글을 읽는 담당자가 있으면 어플에서 파손 사진 등록을 할 수 있게 시스템을 만들어 주었으면 한다.

아닌 밤중에 홍두깨
- 홍두깨는 옷감을 두드려 부드럽게 만드는 데 쓰이는 도구이고
아닌 밤중은 뜻하지 않은 밤중이란 뜻으로, 한밤중에
누군가가 홍두깨를 두드린다면 얼마나 신경 쓰일까?
이처럼 '느닷없는 일을 당했을 때' 쓰는 말

우리에게 최악의 상황이란 것은 없다.
- 리처드 바크

너희 염려를 다 주께 맡기라 이는 그가 너희를 돌보심이라.
- 베드로전서 5:7

지금 당장 입원 안 하면 당신 죽어

　코로나로 인해 물량이 급증하면서 수많은 택배기사들이 과로사로 목숨을 잃는 안타까운 일들이 있었다.
　나 또한 택배를 시작한 지 3년 만에 병원에 입원한 적이 있다.
　밥도 못 먹고 물도 잘 먹지 못하고 화장실 가는 것도 제대로 가지 못하다 보니 소변 볼 때마다 불편하고 혈뇨가 계속 나오기 시작했다.
　그날도 40kg 쌀이 40개가 오던 날이었다.
　다행히 월요일이라 물량이 적어서 다행이었지만 한 빌라에서 공동구매를 한 건지 도지세로 쌀을 받은 건지 아무튼 쌀이 많이 왔다.

　그날 아침에 하차 후 물량을 차에 적재하고 송장 정리하러 사무실에 들어가는 중에 갑자기 현기증이 나면서 그냥 바닥에 쓰러지게 되었다.
　30분 정도 누워 있다가 쌀을 배송하는데 공동구매하셨던 분들이 어르신들이라 40kg 쌀을 일일이 집에 배송을 해야 했다.

　모든 배송을 마치고 병원에 찾아갔는데 피검사에서 염증 수치가 정상인보다 몇백 배나 된다고 지금 당장 입원해야 한다는 것이다.
　택배는 내가 아프면 누가 대신해 줄 사람이 없기에 입원은 힘들다 하니

"당신 지금 나가면 죽을 수도 있어요…"

"피가 폐에 들어가 패혈증으로 죽을 수 있어요."

우리 사촌 큰 형수님이 패혈증으로 갑자기 돌아가셨기에 패혈증이 얼마나 무서운지를 알고 있었다.

당장 입원해야 한다고 해서 지점장님께 전화해 대체 배송기사님을 구해 달라고 했다.

택배 하나 배송하면 천 원 정도 떨어졌었는데 용차는 건당 2,000원을 주어야 한다. 배보다 배꼽이 더 크다. 그래도 아는 사람이라고 건당 1,500원을 주며 용차를 썼다.

아파트는 와이프 친구에게 부탁하고 나머지 번지는 경리 아가씨와 지점장님, 간선 기사님께서 수고해 주셨다.

나는 그 덕분에 입원해 일주일간 누워서 물만 먹으면서 염증 수치를 떨어뜨려야 했다. 다행히 염증을 잡았지만 다시 재발할 수 있다고 항시 조심하고 물 많이 먹고 쉬어 가며 일해야 한다고 했다. 말이 쉽지 어찌 쉬어 가며 일할 수 있나. 택배는 시간과의 싸움인데. 그 이후로 물은 엄청 많이 먹고 있다.

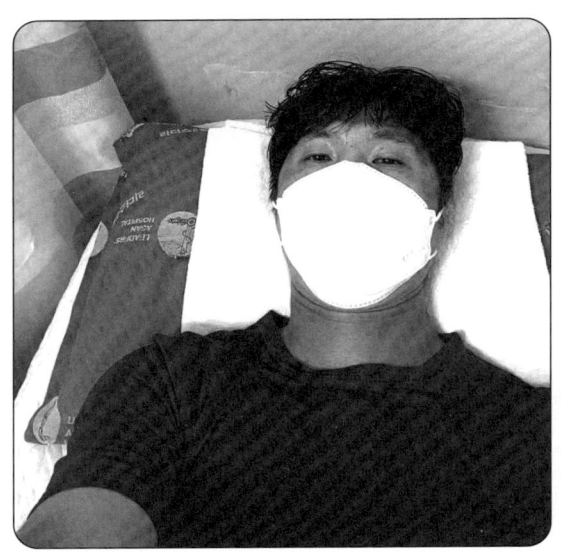

빈대 잡으려고 초가삼간 태운다.
　- 손해를 크게 볼 곳을 생각지 아니하고 자기에게 마땅치 아니한 것을
　　없애려고 그저 덤비기만 하는 경우를 비유적으로 이르는 말

당신이 긴급히 해야 할 일은 이것이다. 살아라!
그리고 시끄러운 회오리바람 속에서 당신의 꽃을 피워라.
　　　　　　　　　　　　　　　　　　- 그웬돌린 브룩스

하나님은 아프게 하시다가 싸매시며 상하게 하시다가 그의 손
으로 고치시나니.

　　　　　　　　　　　　　　　　　　　　- 욥기 5:18

중고 사기

코로나 이후 비대면 배송이 활발하다 보니 중고거래도 급증하게 되었다.

중고거래는 가까운 지역 사람끼리 ㄷㄱ마켓을 통해 거래가 이루어지는 반면, ㅂㄱ장터나 ㅈㄱ마켓같은 곳은 지역이 다양하다 보니 계좌거래를 통해 택배로 받는 경우가 많다. 그러다 보니 사진으로 물건을 보고 거래하는 경우가 대부분이다.

이 점을 노려 중고사기가 극성을 보이고 있다.

한 예로 내 배송 구역에 있는 아파트 주소로 택배접수를 선불로 하고 송장 번호가 나오면 고객에게 송장 번호를 알려 준다. 고객은 접수가 되었다고 안심을 하며 택배가 곧 오겠네 생각하며 물건을 받기 전에 계좌로 입금을 한다.

나는 택배 수거를 위해 접수한 고객에게 전화를 걸지만 받지를 않고 집 주소도 아니었다.

이러기를 몇 달째, 동 호수만 바꿔서 계속 택배접수를 하기 시작했다.

물건을 받을 고객들은 택배접수는 되어 있는데 왜 수거를 안 해 주냐고 문의 전화를 한다.

"기사님, 송장이 접수되었는데 택배가 안 와요."
"아, 그거요, 그 사람 전화도 안 받고 주소도 달라요. 혹시 돈 입금하셨나요?"
"네."
"아무래도 그 사람 사기꾼 같아요. 지금 이런 전화가 한두 건이 아니에요."
고객은 그제서야 사기를 당했다는 것을 알게 된다.

싸고 좋은 물건을 미끼로 사기 치는 사람, 꼬리가 길면 밟힙니다.
중고거래 하시는 분들 이왕이면 중고페이나 직접 대면해서 구입하시는 것이 제일 안전합니다.

구운 게도 다리를 떼고 먹어라.
— 어떠한 일이라도 마음을 놓지 말고 튼튼히 하라는 말

우리는 값싸게 얻는 것은 가볍게 여긴다.
— 토마스 페인

너희는 도적질하지 말며 속이지 말며 서로 거짓말하지 말며
— 레위기 19:11

기분 나빠서 못 먹겠어요

내가 씨*이 대**운 택배기사로 이적한 것이 1월이었다.

당시 2월, 설날이 있던 달이었다.

명절 물량이 막 쏟아지던 무렵에 명절 배송 마감 이틀 전에 이마트 VIP 한우 배송이 있었다.

이때만 해도 대면 배송이 이루어졌던 시기였다.

아파트 배송이었는데 집에도 안 계시고 전화도 안 받으셔서 문 앞에 있는 배전함에 한우세트를 두고 고객한테 배전함에 보관했다는 문자를 보냈다.

다음 날 아침 고객센터에서 전화가 왔다.

문자를 다음 날 확인해서 택배를 배전함에 넣어 놨다고 기분 나빠서 못 먹겠다는 것이었다.

오늘이 명절 배송 마지막 날이고 식품이라 반품도 할 수 없는 상황이었다.

한정품 한우세트라 가격이 35만원이었다.

고객센터에서는 기사님 상황도 이해되지만 명절 마감이라 반품이 안 되고 사고 처리하면 어차피 기사님이 다 물어 주어야 하니 분실로 처리할 테니 기사님이 드시고 물어 주는 것이 더 낫다고, 그냥 물어 주는 것보다 드시고 물어 주면 덜 억울하지 않으시겠냐고 해서 수거 후 명절에 부모님 댁에 가서 와이프랑 눈물 흘리며 먹은 기억이 있다.

 문자를 늦게 확인한 사람이 잘못이지 이게 왜 배송기사의 잘못인가?
 아이스박스에 겨울이라 내용물도 그대로인데 그냥 기분 나빠서 못 먹겠다는 것이 왜 기사 책임인가?
 고객의 기분까지 배송기사가 책임져야 하는 건가요?
 기사들도 무겁고 힘든 물건 오면 기분 나쁘다고 배송 안 하고 반송 처리하면 고객님의 기분이 어떨까요?

 똥 싸고 매화 타령한다.
  - 제 허물을 부끄러워할 줄 모르고 비위 좋게 날뛴다는 말

 좋아하지 않는 사람에 대한 생각으로 시간을 낭비하지 마라.
  - 데일 카네기

 네 큰 지혜와 네 무역으로 재물을 더하고 그 재물로 말미암아 네 마음이 교만하였도다.
  - 에스겔 28:5

카드 돼요? / 세금계산서 끊어 주세요

경찰신문을 만드는 사무실에 착불로 사무실 의자가 여러 개 온 적이 있다. 3층 건물에 3층이었는데 엘리베이터도 없고 계단도 많은 곳이었다.

의자를 배송하면서 너무 무겁고 힘들어서 사무실 직원분에게 도와달라 부탁을 드렸다.

"저기요, 죄송한데 의자가 무거워서 그러는데 옮기는 거 같이 도와주시면 안 될까요?"

돌아오는 답변은 나를 힘들게 했다.

"그것은 기사님이 할 일이지 왜 우리가 해요."

'이게 내 의자냐 니네 의자지, 그러고도 니들이 경찰 신문을 만드는 사람들이냐'라고 속으로 말했다.

무거워 도와달라고 말씀드렸던 건데 하는 수 없이 내가 다 날랐다.

"택배비 48,000원입니다."

"카드 돼요?"

"카드는 안 돼요."

"왜요?"

"택배기사들은 카드 단말기가 없어요."

"계좌번호 주시고 세금계산서 끊어 주세요."

"세금계산서 발행이 안 되는데요."

"지금 카드도 안 되고, 탈세하시는 거예요?"

"지금 착불비도 입금 안 하시면서 무슨 세금계산서를 끊어 달라 하고 탈세니 그런 말씀 하시는 거예요. 사무실에 들어가서 계산서 이야기 해 볼테니 입금부터 해 주세요."

사무실에 이야기해서 계산서를 끊어 주고 그제서야 입금을 받았다.

아무리 그래도 경찰신문을 발행하는 곳이 기본도 안 지키면서 무슨 경찰신문을 발행한다는 것인지 의구심이 든다.

지금 생각해 보니 계산서 끊을 때 부가세를 안 받은 것이 후회된다.

물이 깊어야 고기가 모인다.
— 큰 덕망이 있어야 남이 따르게 된다는 말

감사는 위대한 교양의 결실이다. 야비한 사람에게서는 그것을 발견할 수 없으리라.
— 존슨

악한 자가 교만하여 가련한 자를 심히 압박하오니 그들이 자기가 베푼 꾀에 빠지게 하소서.
— 시편 10:2

순서 좀 바꿔 주세요

어느 날 배송 구역에 있는 교회 목사님으로부터 전화가 왔다.
"기사님, 급하게 받아 봐야 할 책이 있는데 언제 오시나요?"
"네, 목사님. 그쪽 지역은 오후에 갑니다."
"근데 왜 우리 교회는 맨날 저녁에 오시나요?"
"네, 그쪽 지역은 오후에 갑니다."
"오늘 오후에 왔으면 내일은 아침에 오셔야 되는 거 아닌가요?"
"택배 터미널에서 가까운 곳부터 배송하다 보니 그 지역은 항상 그 시간대에 배송할 수밖에 없으니 양해 부탁드립니다."
"그것은 기사님 편의 때문이지 왜 유도리가 없어요. 순서를 바꿔 가며 배송해야 되는 거 아닙니까?"

'침대는 과학입니다.'라는 광고 카피가 있듯이 택배도 과학입니다.
먼저 배송할 거 나중에 배송할 거 구분하여 분류하고 택배 물류센터에서 가장 먼 곳을 차 안에 적재하고 가까운 곳을 맨 마지막에 적재해서 시간과 공간을 잘 활용하여 배송을 해야 효율적으로 일을 할 수가 있습니다.
택배박스를 가로로 실을지 세로로 실을지 생각하고, 행낭 봉투를 박스 사이사이에 움직이지 않게 흔들리지 않는 침대처럼 적재합니다. 마치 택배 테트리스를 연상하듯이 과학적으로 계산해서 일을 합니다.

우물에 가 숭늉 찾는다.
- 모든 일에는 질서와 차례가 있는 법인데
일의 순서도 모르고 성급하게 덤빈다는 말

명성을 쌓는 것에는 20년이란 세월이 걸리며 명성을 무너뜨리는 것에는 5분도 걸리지 않는다. 그걸 명심한다면 당신의 행동이 달라질 것이다.
- 워런 버핏

각각 자기 일을 돌아볼뿐더러 또한 각각 다른 사람들의 일을 돌아보아 나의 기쁨이 충만케 하라.
- 빌립보서 2:4

반반 합시다

같이 일하던 대리점 형님의 건강검진으로 인해 대체 배송 중이었다.

반품이 있어 고객에게 전화드렸더니 캐리어 반품이 두 개 있는데 어떤 걸 반품할지 아직 결정 못 했다고 한다.

그러면 반품 취소할 테니 결정되시면 다시 접수 부탁드린다고 전화를 끊고 고객센터에 전화를 걸어 아직 반품 결정을 못 했다고 전하자 고객센터 직원이 "알겠다, 저희가 고객님하고 통화해 보겠다"고 했다.

얼마 후 다시 반품 송장이 나왔다.

같이 일하는 형님도 전화를 했더니 경비실에 맡겨 놓았다고 하는데, 경비실에서는 맡긴 적이 없다고 한다.

처음 취소 송장을 내가 잡았기 때문에 나한테 계속 고객센터에서 반품 지시를 내리자 이런 모든 상황을 전했는데 고객하고 통화가 되지 않는다고 사고 처리를 하겠다는 것이다.

다른 홈쇼핑은 반품 입고 확인 후 환불처리를 해 주는데 유독 ㅎㅇ쇼핑만 선 환불 후 반품 처리로, 반품을 회수 못 하면 기사한테 전액 배상이 떨어진다.

고객 집에 찾아가서 이야기를 해도 경비실에 보관했다고 하는데 경비실에서는 보관한 적이 없다고 한다.

cctv 확인해서 캐리어 들고 나오는 거 확인해 보라 해도 반응이 없고 경찰에 신고한다고 하니 반반 부담하자고 한다.

고객센터에서 오는 전화도 안 받고, 담당하는 형님이 그 사람 상습범이라고, 모든 택배기사들이 안 당한 사람 없다고 본인이 반 부담할 테니 그 사람이 반 준다고 할 때 받으라고 해서 일단락된 적이 있다.

ㅎㅇ쇼핑이 환불처리를 이렇게 하니 이 시스템을 역이용하는 사람이 생기는 겁니다.

이것도 엄연한 사기입니다.

애꿎은 택배기사들만 피해 봅니다.

벼룩도 낯짝이 있다.

– 매우 작은 벼룩도 낯짝이 있는데 하물며 사람이 체면이 없어서야 되겠느냐는 말, 염치없고 뻔뻔스러운 사람에게 핀잔을 주는 말

말만 하고 행동하지 않는 사람은 잡초가 가득 찬 정원과 같다.

– 하우얼

그런즉 거짓을 버리고 각각 그 이웃으로 더불어 참된 것을 말하라 이는 우리가 서로 지체가 됨이니라.

- 에베소서 4:25

택배차 찾아가세요

택배를 하다 보니 별의별 사람을 다 만나게 된다.

나도 생활정보지 보고 택배를 시작했듯이 나처럼 택배를 처음 시작한 분들을 많이 보았다.

군대 장교 전역하고 택배를 시작한 분이 계셨다.

"내가 군인 장교 출신인데 힘든 건 참을 수 있습니다. 이보다 더 힘든 훈련도 견뎌 냈는데 택배 배송만 하면 되잖아요."

큰소리치시더니 하루 일하고 못 하겠다고 그다음 날부터 안 나오셨다.

또, 젊은 청년 한 명이 택배를 하겠다고 찾아왔다. 이 청년은 3일 만에 이 직업은 사람이 할 일이 아니라면서 오전에 택배를 싣고 나가서 도저히 못 하겠다고 배송도 안 하고 차를 배송지에 세워 놓고 택배차 찾아가라고 문자하고 잠수를 탄 적도 있었다.

우리 지점은 택배 처음 하시는 분들에게 일정한 금액을 수수료에서 차감해서 차를 빌려주었다.

택배는 단지 배송만 하면 되는 것이 아니라 물건을 분류하는 것부터 차에 적재하고 배송까지 해야 되는 것인데 택배를 너무 쉽게 보고 시작했다가 도망가는 사람들이 한둘이 아니었다.

  택배는 분류, 적재, 배송, 그리고 배송 후 고객 클레임까지 해결해야 하루 마무리가 된다.

호랑이 그리려다 고양이 그린다.
- 자신의 능력에 어울리지 않게 너무 큰 욕심을 부리다 보면 세웠던 목적을 이루지 못하고 엉뚱한 결과를 초래한다는 말

첫술에 배부를까
- 첫 번부터 곧 만족할 수 없으니, 급히 서두른다고 되는 것은 아니라는 말

엘리자가 말했어요. 세상은 생각대로 되지 않는다고. 하지만 생각대로 되지 않는다는 건 정말 멋지네요. 생각지도 못했던 일이 일어나는걸요.
- '빨강머리 앤' 중에서

미련한 자는 교만하여 입으로 매를 자청하고 지혜로운 자의 입술은 자기를 보전하느니라.
- 잠언 14:3

택배 착불 입금 부탁드립니다

대부분의 택배 요금은 고객들이 물건을 주문할 때 결제를 하게 되는데, 택배비를 업체에 물건값과 포함해서 보내는 것을 선불이라고 말한다.

가끔 편의점 택배나 고가의 귀금속은 직접 전달해야 하는 관계로 착불로 보내는 경우도 있다.

착불은 대부분 기사들이 계좌번호를 남겨서 입금을 받거나 직접 받는 경우도 있다.

우리가 택배를 받았을 때 송장에 선불 또는 신용 그리고 착불 이렇게 표기가 된다.

신용이란 고객에게 택배비를 선불로 받고 거래하는 택배업체와 신용으로 거래하는 것을 의미한다.

여기에서 불편한 진실이 하나 있다. 대부분의 업체들이 고객에게 택배비를 3,000원 이상 받고 택배업체하고는 3,000원 이하로 계약하고 거래하는 업체들이 있다는 것이다. 흔히 이걸 백마진이라 부른다.

택배 요금에 대해서는 나중에 더 자세히 다루도록 하겠다.

나는 이름 때문에 난감한 적이 한두 번이 아니다.

착불이 있을 때 계좌번호를 보내고 입금할 택배비를 적고 이름을 보내면 항의 전화가 오는 경우가 종종 있다.

왜냐면 내 이름이 이민원인데 고객들이 잘못 보고 무슨 택배비가 이만원이냐고 따지시는 분들이 종종 있다.

그러면 "택배비가 이만원이 아니라 제 이름이 이민원입니다."라고 하면 그제야 웃으시며 죄송하다고 이야기하신다.

이 이야기를 라디오 프로그램 황제성의 황제 파워에 이름에 관한 에피소드를 올려 달라고 해서 보냈더니 커피 쿠폰을 보내 준 적도 있다.

이참에 이름을 이억원으로 바꾸면 사람들이 오해하지는 않지 않을까 이런 이야기를 할 때마다 우리 와이프는 이름을 이억원으로 바꿔 보라고 놀린다.

이름 때문에 창피한 적도 많았다. 병원에서 예약하고 기다리는데
"이만원씨 들어오세요."라고 하길래 "이민원인데요."라고 하면 간호사들이 빵 터진다.

왜 '민' 자하고 '원' 자하고 붙여서 읽는지 모르겠네. 모르겠슈…

호랑이는 죽어서 가죽을 남기고 사람은 죽어서 이름을 남긴다.
― 사람이 훌륭한 일을 많이 하면 후세에 명예를 떨친다는 말

나의 약점이 아닌 강점에 동감하여 나를 강화시켜 달라.
- 아모스 브론슨 올콧

이제 네 이름을 아브람이라 하지 아니하고 아브라함이라 하리니 이는 내가 너를 여러 민족의 아버지가 되게 함이니라.
- 창세기 17:5

'언제 와요 / 내용물이 뭐예요 / 누가 보냈어요' 이런 전화 하지 마세요

택배를 배송하다 보면 여러 통의 전화 문의를 받게 된다.

제일 많이 오는 전화가 "택배 언제 와요?"다. 출발하기 전에 문자로 몇 시부터 몇 시까지 배송 예정이라는 문자가 갔음에도 불구하고 언제 오냐는 것이다.

제일 난감한 것은 제가 직접 기사님 계신 곳으로 갈 테니 찾아 달라는 것이다.

배송 코스가 맞아서 찾아 주면 다행인데 마지막 코스에 가는 곳에 고객이 찾으러 온다면 찾아 줄 수가 없다. 고객들은 당장 써야 한다고 말하는데 그럴 거면 미리 주문하시지, 일에 순서가 있는데 마지막 코스 물건을 찾아 달라면 차에 적재된 택배상자를 다 뒤집어야 하기 때문에 절대 불가하다.

두 번째 많이 오는 전화는 내용물이 뭐냐고 물어보시는 거다. 그러면 내가 "박스 뜯어 보고 알려 드릴까요?" 하면 괜찮다는 거다. 조금만 기다리면 갖다 드릴 건데 뭐 그리 궁금하신지.

그리고 또 다른 전화는 "누가 보냈어요?" 하는 것이다. 이것은 보험회사나 지인들이 보내는 택배들이다.

제일 진상은 이거다. 다 물어보는 사람이다.

"언제 와요, 물건이 뭐예요, 누가 보냈어요?"

아니, 내가 그게 뭔지 주소가 어디인지 누가 보냈는지 어떻게 아냐고요…

기사들이 하루에 배송하는 집이 많게는 화요일에 400개 내지 500개인데 어떻게 다 아나요?

송장 번호로 우리도 추적해서 알 수가 있지 전화 오면 그 집이 어느 집인지 저도 몰라요. 귀신도 몰라요…

그리고 반대로 택배기사들이 고객들에게 많이 하는 전화 유형이다.

이름만 있고 주소가 없거나 잘못 적혀 있을 때

"고객님 택배기사인데요 주소가 안 나와 있어서 전화드렸습니다. 주소가 어디시죠?" 하면

"아산이요."

"아산 어디요?"

"권곡동이요."

"고객님, 권곡동이 다 고객님 집이에요? 그러니까 무슨 아파트시냐고요." 하면

"○○아파트요."

"○○아파트가 다 고객님 주소예요? 동 호수를 알려 주셔야죠."

나하고 지금 스무고개 찾기 하는 것도 아니고 그제야 알려 주는 분들이 계신다. 무슨 수수께끼 푸는 것도 아니고 한 번에 알려 주시면 안 되나…

택배기사들은 양손에 물건을 들고 운전도 하고 바쁘다 보니 전화를 잘 받지 못한다. 전화보다는 문자를 주시는 게 가장 빠르다.

급하면 바늘허리에 실 매어 쓸까?
- 아무리 급하더라도 모든 일에는
일정한 차례와 순서를 밟아야 할 것이라는 뜻

사람은 항상 자기 내부의 리듬감에 따라 행동해야 한다.
- 로자몬드 레만

수고하고 무거운 짐진 자들아 다 내게로 오라 내가 너희를 쉬게 하리라.
- 마태복음 11:28

공공의 적

코로나 이후로 사람들의 소비 패턴에 많은 변화가 생겼다.

식당이나 대형마트에서 장 보던 것들을 이제는 온라인으로 집 앞까지 편하고 빠르게 받게 되는 현실에 소비자들이 안주하게 되었다.

코로나 전에는 씨*이 택배가 아파트 엘리베이터 앞에서 타 택배기사를 만나면 그들은 내가 배송하는 아파트 단지를 피해 다른 곳부터 배송을 하기 시작했다.

이유는 내가 배송 물량이 많아서 엘리베이터를 같이 탈 수가 없었기 때문이다.

하지만 코로나 이후로 전세가 역전되었다.

오히려 엘리베이터 앞에서 쿠* 배송기사를 만나면 내가 피해 다른 곳부터 배송을 해야 했다.

그리고 또 다른 공공의 적이 된 분들은 다름 아닌 음식 배달 라이더들이다.

내가 먼저 엘리베이터를 타고 배송하고 내려오면 라이더들이 대부분 욕을 하거나 짜증을 내신다. 다행히 엘리베이터 앞에서 만나게 되면 문 앞까지 배송을 대신 해 준다. 그러면 라이더들이 고마워한다.

하지만 이것도 타이밍이 맞지 않을 때는 골탕 먹이는 라이더들이 있다. 계단을 통해 내려가면서 일일이 내려가는 버튼을 다 눌러 놓고 가는 경우다.

서로 조금만 배려하면 되는데 빨리빨리 문화가 배송기사나 라이더들에게도 시간과 돈이 결부되다 보니 자신도 모르게 괴물로 변해 가고 있는 모습이 너무나 안타깝다.

달도 차면 기운다.
　　　　　　- 세상의 온갖 것이 한번 번성하면 다시 쇠하기 마련이라는 말,
　　　　　　　　　　행운이 언제까지나 계속되지 않는다는 뜻

상황은 바뀌지 않는다. 다만 우리가 변하는 것이다.
　　　　　　　　　　　　　　　　　　　- 헨리 데이비드 소로우

모든 것이 가하나 모든 것이 유익한 것이 아니요 모든 것이 가하나 모든 것이 덕을 세우는 것이 아니니 누구든지 자기의 유익을 구치 말고 남의 유익을 구하라.
　　　　　　　　　　　　　　　　　　　- 고린도전서 10:23-24

코로나 전과 후의 택배

내가 택배를 시작한 시기가 2014년 9월이었다.
당시 옐*우 택배와 K*B 택배를 같이 하는 지점에서 일을 하기 시작했다.
그때만 해도 화요일에 각 택배사 간선차가 2대씩 총 4대가 들어왔다.
그 당시에는 까대기가 없어 기사들이 번갈아 가며 까대기를 했다.
여기서 까대기란 간선차에 올라 물건을 레일에 놓는 것을 의미한다.
레일도 수동이라 레일에 내려오는 택배를 밀어 가며 자기 구역 택배를 골라서 빼내야 하는 수동 작업이었다.

게다가 내려오는 택배에서 내 것을 골라 가며 송장을 뜯어 송장통에 담아 하차가 끝난 후 컨테이너 사무실에 들어가 스캔을 일일이 잡고 송장통에 주소별로 담아 집게로 고정하며 다녀야 하는 시스템이었다.

배송지마다 일일이 전화를 걸어 집에 계신지 여부를 확인하고 연락이 안 되면 경비실이나 위탁 장소를 문자로 보내야 하는 수고로움이 있었고, 송장에 위탁 장소를 적어 표시도 해 두어야 했다.
그리고 배송이 다 끝나고 사무실에 들어오면 또다시 배송완료 스캔을 잡아야 하는 어려움이 있었다.

씨*이에 들어와서는 화요일 기준 간선차가 22대 정도 왔었다.

당연히 하차는 타 택배에 비해 몇 배의 시간이 걸렸다.

타 택배와 씨*이의 차이점은 배송 구역이 짧다는 것이다. 그만큼 짧은 구역에 택배가 몰린다는 것이다.

예전에 내가 담당한 구역에 씨*이 기사만 몇십 명이 일해야 하는 구조다.

타 택배는 배송 첫 시작을 오전 9시부터 한다면 씨*이는 빨라야 3시부터 첫 배송이 시작된다. 그렇게 해도 타 택배보다 빨리 끝난다.

코로나 전에 또 한 번의 변화는 자동화 분류다.

휠소터라는 기능으로 사람이 일일이 레일에서 내 물건을 골라내는 것이 아니라, 대리점으로 내려오는 택배에서 내 것만 골라내는 번거로움이 줄어 들었다.

거기다가 송장도 탈거하지 않는 방식으로 바뀌게 되었고 어플에서 직접 고객하고 통화와 문자가 가능해졌다.

코로나 이후에는 비대면으로 배송이 바뀌면서 문 앞 배송으로 일일이 고객에게 전화를 걸지 않고 문자로 대처가 가능해지고 분류 도우미가 생겨 분류에 어려움이 줄고 배송에 집중하게 되어 배송이 다변화되면서 삶의 여유도 생기게 되었다.

나는 타 택배에서 명절에 비대면으로 문자로 문 앞 배송을 실시하여 왔기 때문에 비대면 문 앞 배송이 낯설지 않게 시작할 수 있었다.

그러다 보니 코로나 때 한 달에 1만 개 이상도 배송한 적이 있다.

선견지명(先見之明)

- 미래에 일어날 일을 미리 내다보고 판단하는 능력

서당 개 삼 년에 풍월한다.

- 어떤 방면에 전혀 아는 것이 없는 사람도,
그 방면에 오래 끼여 있으면 어느 정도는 익히게 된다는 말

'할 수 있다. 잘 될 것이다.'라고 결심하라. 그리고 나서 방법을 찾아라.

― 에이브러햄 링컨

좋은 일에 대하여 열심히 사모함을 받음은 내가 너희를 대하였을 때뿐 아니라 언제든지 좋으니라.

― 갈라디아서 4:18

아빠가 창피하니?

우리 딸이 다니는 초등학교가 내가 배송하는 구역에 있었다.

딸이 4학년 때 배송 구역에 가까운 아파트를 분양받아 이사를 하게 되었다.

집과 배송 구역이 가깝다 보니 화요일마다 와이프가 걸어서 배송 구역까지 와서 일을 도와준다.

그날은 목요일로 기억하는데, 아침에 초등학교에 배송하러 가는데 마침 운동장에서 딸이 체육 수업을 하고 있었다.

서로 눈이 맞아 손을 흔들며 인사하고 나는 행정실에 택배를 배송하고 잠시 수업을 지켜보고 있었다.

마침 체육대회 준비로 달리기 수업 중이었다.

내 딸의 달리기를 지켜볼 수 있었다. 내가 지켜보고 있어서인지 긴장한 건지 뒤에서 두 번째로 들어왔다.

내 딸이 손을 흔들기에 나도 손을 흔들어 주었다.

일을 마치고 딸에게 "학교에서 아빠 보니 반가워서 손을 흔들었어?"라고 물어보자 처음에는 반가워서 손을 흔들었고 두 번째는 빨리 가라고 손짓한 거라고 대답했다. 나만의 착각이었다.

다시 딸에게 물어보았다.
"아빠가 택배 하는 게 창피하니?"
"아니 우리 애들은 아빠가 택배기사인 거 다 알아."

한 지역을 10년 동안 하다 보니 학교 아이들이 나만 보면 인사를 잘 했다. 그때 아내가 이렇게 이야기했다.
"당신 딸이 다니는 학교에 학부모들과 아이들이 당신이 누구 아빠인지 아니까 옷도 이제는 깔끔하게 입고 다녀."

그 이후로 옷도 머리도 신경 쓰게 되었다.

뚝배기보다 장맛이 좋다.
— 겉으로 보기에는 보잘것없으나
내용은 겉모양보다 훨씬 훌륭함을 이르는 말

위대한 일을 하는 유일한 방법은 자신이 하는 일을 사랑하는 것이다.
— 스티브 잡스

자녀들아 주 안에서 너희 부모에게 순종하라 이것이 옳으니라 네 아버지와 어머니를 공경하라 이것은 약속이 있는 첫 계명이니.
— 에베소서 6:1-2

아저씨 저 택배기사 할래요

어느 날 아파트 엘리베이터에서 꼬마 친구가 나에게 말을 걸었다.
"아저씨, 택배 하면 돈 많이 벌어요?"
"아마도 너의 아버지보다 조금 많이 벌지 않을까?"
이야기했더니,
"아저씨 저 나중에 어른 되면 택배기사 하고 싶어요."
"왜?"
"아저씨 매일 보면 택배를 산더미처럼 들고 타시는 거 보니 돈 많이 벌 거 같아서요."
"그래 일단 공부부터 열심히 하고 택배는 나중에 생각해도 돼."
"아니에요, 저는 꼭 택배기사가 될 거예요."

이 말이 최고의 칭찬인지 이 친구가 공부하기 싫어서 그러는 건지 알 수가 없었다. 그런데 이 친구의 행동과 말투를 여러 해 지켜보았는데 학교에서 짱 정도는 되는 거 같았다.

이 직업을 좋게 봐 줬다는 것이 곧 최고의 칭찬으로 들렸다.
공부 못하면 배달한다는 동남아 어머니와 아들의 "싫어" 절규가 떠올랐다.

그래도 이 직업을 인정해 주는 꼬마 친구가 있다는 것이 위안이 되었다.

쥐구멍에도 볕 들 날 있다.
- 쥐구멍은 작은 구멍이라 항상 어둡지만 가끔은 햇빛이 비칠 날이 있듯이, 몹시 고생을 하는 삶도 좋은 때가 있다는 말

우리는 다른 사람들의 제한된 인식이 우리의 존재를 규정하게 하지 말아야 한다.
- 버지니어 사티

또 너희에게 명한 것 같이 조용히 자기 일을 하고 너희 손으로 일하기를 힘쓰라.
- 데살로니가전서 4:11

성추행으로 고소합니다

반품 송장이 나와 고객에게 전화를 수차례 해 보았지만 받지를 않았다. 반품 물건 부재 시 경비실에 보관 부탁한다고 문자도 수차례 보내 보았지만 경비실에도 반품은 없었다.

수차례 집으로 방문도 해 보았지만 아무도 없었다.

내가 할 수 있는 방법으로는 메모지에 '반품 물품 브라 팬티 세트 경비실에 보관 후 문자 주세요'라고 쓰고 문 앞에 붙여 놓는 것밖에 없었다.

저녁에 고객으로부터 전화가 왔다.

성추행으로 고소한다는 것이다. 나는 황당해서 무슨 성추행을 했냐고 반문했더니 '브라 팬티 세트'라고 문 앞에 붙여 놓았다고 신고한다고 한다.

그래서 고객님에게 반품 전화, 문자, 방문까지 수차례 하였는데 안 계셔서 혹시 반품 내용을 모르실까 봐 적어 놓은 거고 아파트인데 고객님 집에 가족 외에 누가 그 메모를 볼까요라고 이야기했다.

그러자 무슨 소리냐며 전화도 문자도 없었다는 것이다.

혹시 제 번호 수신 차단하신 건 아닌지 확인해 보시라고 했더니 아니나 다를까 수신 차단 되어 있었던 것이다.

서로 오해가 있었던 거 같다고 잘 넘어갔지만 성추행범으로 몰릴 뻔한 사건이었다.

문비를 거꾸로 붙이고 환쟁이만 나무란다.
— 자기가 잘못하고 도리어 남을 나무란다는 말

사람들이 감사하지 않을 때 인간성을 상실하게 된다. 사람의 됨됨이는 그 사람의 감사 태도로 알 수 있다.
— 엘리 비젤

어찌하여 형제의 눈 속에 티는 보고 네 눈 속에 있는 들보는 깨닫지 못하느냐.
— 마태복음 7:3

별이 되신 어르신

충남 아산은 도농 복합도시이다.
도시와 농촌이 공존하는 도시인데 내가 배송하는 구역이 그렇다.
일반 번지 때가 다 옛날 다가구 주택이며 논, 밭을 가로질러 가는 구역이다.
그러다 보니 대부분이 어르신들이 많다.

한 어르신이 계신데 키도 작으시고 보행에 많은 장애가 있으신 분이다.
어머니께서 집에 계시지 않으시면 매번 몰래 집을 나오시는 것 같다.
보행에 불편이 있다 보니 매번 기어다니시는 것을 목격한다.
집을 매번 나가시다 보니 어머니께서 매번 찾아 모시고 가는 모습을 종종 목격하게 된다.

한번은 겨울에 눈이 많이 온 날 신발 한쪽만 신으신 채 동네 슈퍼에 기어가시는 모습을 목격하고 집에까지 태워 모셔다 드린 적이 있다.

"어르신, 날씨가 따뜻해지면 집에서 나오세요."
라고 말한 기억이 있다.

몸이 불편하지만 얼마나 답답하셨으면 집을 나오셨을까 생각도 해 본다.

그러던 어느 날, 추운 겨울이 지나자 아버님 모습이 보이지 않았다.
동네 어르신들께 여쭤보니 겨울에 돌아가셨다고 한다.
날씨가 따뜻해지기 전까지 기다리지 못하시고 가셨네요.
아직도 내 차 옆자리에는 그 어르신의 모습이 그리워진다.
어르신 집을 지날 때마다 하늘을 올려다본다. 유독 빛나는 별이 그 어르신의 별인 거 같아 가슴이 아프다.
어르신, 하늘에서는 마음껏 가고 싶은 곳을 여행하세요.

  모르면 약, 아는 게 병
     - 차라리 아무것도 모르고 있으면 마음이 편하여 좋은데,
    좀 알고 있으면 도리어 걱정거리가 생겨 편치 않다는 말

  평생 살 것처럼 꿈을 꾸어라. 그리고 내일 죽을 것처럼 오늘을 살아라.
                - 제임스 딘

  모든 눈물을 그 눈에서 씻기시매 다시 사망이 없고 애통하는 것이나 곡하는 것이나 아픈 것이 다시 있지 아니하리니 처음 것들이 다 지나갔음이러라.
                - 요한계시록 21:4

이런 것도 배송한다고?

온라인 시장이 확대되면서 사람들은 편하게 손가락 하나만 클릭해도 집까지 내가 원하는 물품을 받게 되는 세상에 살게 되었다.

그러면 어떤 물품까지 택배로 받을 수 있을까? 내가 직접 배송한 물품과 지켜보았던 물품들을 이야기할까 한다.

어느 날 아이스박스에 한쪽 면에 구멍이 있었고 그 구멍을 모기장으로 덮어서 택배가 도착한 적이 있다. 내용물은 귀뚜라미였다.
파충류 먹이로 판매가 되는 것이었다. 아이스박스가 가볍다 보니 차가 움직이면서 박스가 뒤집어지면서 귀뚜라미가 택배차에서 돌아다니기 시작했다.
하나씩 잡아 다시 박스에 집어넣고 고객에게 전화했더니 경비실에 맡겨 달란다.
경비실에 아이스박스를 놓고 장부에 적으려는데 다시 틈 사이로 귀뚜라미들이 나오기 시작했다. 보이는 녀석들만 잡아 넣었는데 다 잡지는 못한 걸로 기억한다.

어느 날은 터미널에 박스에 숨구멍만 만들어 놓고 택배가 왔는데, 어디선가 닭 울음소리가 들려서 봤더니 바로 그 박스였다.

한번은 아이스박스에서 물이 흘러나오길래 열어 보았더니 살아 있는 낙지가 움직이고 있었다.

제일 황당한 택배는 장의사가 있었는데 관까지 택배로 오는 것을 보았다. 정말 어디까지 택배로 올 수 있는 걸까?

살아 있는 생물은 택배로 보낼 수 없다는 걸로 아는데, 예전에는 그런 매뉴얼이 없었던 거 같다.
정말 사람 빼고 뭐든지 온라인으로 오는 그런 세상에 우리는 살고 있다.

갈수록 태산
- 산을 넘어갈수록 더 큰 산이 나타나듯이,
하는 일이 갈수록 어려워진다는 말

삶은 우리에게 기대하는 것을 줘야 할 의무가 없다. 우리는 주는 대로 받고 더 나쁘지 않은 것에 고마워할 뿐이다.
- 마가렛 미첼

사람이 감당할 시험 밖에는 너희에게 당한 것이 없나니 오직 하나님은 미쁘사 너희가 감당치 못할 시험 당함을 허락지 아니 하시고 시험 당할 즈음에 또한 피할 길을 내사 너희로 능히 감당하게 하시느니라.

— 고린도전서 10:13

하나는 기사님 거예요

택배가 가장 바쁜 시기는 추석 명절과 설 명절일 것이다.

명절 일주일 전과 명절 후 일주일을 택배사에서는 극성수기로 분류하고 있다.

명절에는 보험회사나 은행권 조합원들 또는 기업들이 고객한테 보내는 감사 선물이 대부분이다.

그리고 회사들이 직원들에게 주려고 또는 거래처에 보내려고 대량으로 택배를 보내고 받는다.

내 구역에도 택시 회사에서 명절 때마다 대량으로 택배를 시킨다.

그런데, 아파트에 거주하는 청년 사업가가 있었다.

여자 청년인데 매 명절 때마다 대량으로 택배를 시킨다.

그러던 어느 날 그 청년에게 전화가 걸려 왔다.

"기사님 오늘 저희 집으로 오는 택배 중에 선물세트 하나는 기사님 거예요. 챙겨서 가지고 가시고 명절 잘 보내세요."

라고 수년째 명절 때마다 나한테도 선물을 챙겨 주셨다.

매번 남의 집 명절 선물만 배송하다가 이렇게 매번 명절 선물을 받게 되는 게 고맙기도 하고 부담되기도 하였다.

그래도 아직까지는 세상이 따뜻한 거 같다.

그 마음으로 사업을 하면 아마 성공하리라 믿어 의심치 않는다.

반면 또 다른 아파트에 건설회사 대표가 거주하는 집에는 명절에 집 앞에 문이 보이지 않을 정도로 선물세트가 오는데도 단 한 번도 나눌 줄 모르는데, 어느 때부터인가 명절에 선물세트가 거의 오지를 않는다.

경기가 안 좋아서 그런 건지 사업이 잘 안되든지 둘 중에 하나이지 않을까?

깊은 물이라야 큰 고기가 논다.
- 깊은 물에 큰 고기가 놀 듯이 포부가 큰 사람이라야
  큰 일도 하게 되고 성공을 하게 된다는 뜻

가장 행복한 사람들은 가장 많이 소유한 사람들이 아니라, 가장 많이 감사하는 사람들이다.
- 빌헬름 웰러

흩어 구제하여도 더욱 부하게 되는 일이 있나니 과도히 아껴도 가난하게 될 뿐이니라 구제를 좋아하는 자는 풍족하여질 것이요 남을 윤택하게 하는 자는 윤택하여지리라.
- 잠언 11:24-25

왜 설치는 안 해 줘요?

　온라인 시장이 활성화되면서 주변에 동네 작은 마트들은 찾아보기 어려워졌다. 대형마트와 편의점들이 골목 상권까지 접수하다 보니 동네 슈퍼들은 자리를 잃게 되고 무인 상가들이 등장하게 되고 패스트푸드점에서는 키오스크를 통한 주문을 하는 시대에 우리는 살고 있다.

　대형마트조차도 무인 계산대로 변경되면서 점차 사람들이 하던 일을 로봇이 대신하다 보니 일자리가 점점 없어지고 있다.

　택배로 이젠 가전, 가구까지 배송받는 시대에 살고 있다.
　한번은 아파트에 소형 세탁기가 배송되었다. 문 앞에 놓고 문자를 보내고 내려왔는데 고객으로부터 항의 전화가 왔다.
　"세탁기를 설치를 해 주시고 가야지 문 앞에 놓고 가면 어떡해요?"
　"저는 택배기사지 설치 기사가 아닙니다."
　"무슨 소리 하세요? 배송기사에게 설치 받으라고 안내 받았는데요?"
　"저희는 배송만 하는 사람입니다. 업체에 문의하세요." 했더니 짜증을 내시며
　"다시 가져가세요."

"반품 또한 업체에 문의하세요."
하고 전화를 끊은 적이 있다.

또 한 번은 엘리베이터 없는 빌라 4층인데 창문형 에어컨을 주문하여 문 앞에 놓고 문자를 보냈는데 이 역시 설치 안 해 주냐고 해서 "저는 설치 기사가 아니라 택배기사입니다."라고 했더니 그다음 날 반품 접수가 되어 다시 4층에서 에어컨을 들고 내려온 적도 있다.
택배는 배송만 하지 설치는 안 해 줍니다.

찬물 먹고 냉돌방에서 땀 낸다.
— 도무지 이치에 맞지 않다는 말이니 하지도 말라는 뜻
(냉돌방은 불기가 없는 찬 온돌방을 뜻합니다.
찬물 먹고 냉돌방에 있으면 땀이 날 리 없지요.)

우리는 값싸게 얻는 것은 가볍게 여긴다.
— 토머스 페인

무릇 더러운 말은 너희 입 밖에도 내지 말고, 오직 덕을 세우는 데 소용되는 대로 선한 말을 하여, 듣는 자들에게 은혜를 끼치게 하라.
— 에베소서 4:29

택배차 사기

코로나 이후로 택배 물량이 증가함에 따라 신종 택배사기가 급증하였다.
생활 정보지나 구인 사이트에서 택배취업 알선 광고들이 급증하는 것을 보게 된다. 수입은 대략 500 이상에서 많게는 1,000만원까지 벌 수 있다면서 대형 택배사들을 미끼로 취업가능하다고 유인하면서 택배차를 차 값의 2배를 받아 챙기는 수법이었다. 면접은 택배사에서 하는 게 아니라 자기네 물류회사에서 중개 받아 하는 거라면서 차를 팔아먹고 돈도 안 되는 자리에 취업시키는 전형적인 사기였다.

내 주변에도 이런 광고를 보고 택배를 시작하신 분이 있다.
나중에 사기라는 것을 알고 후회하며 손해 보고 다시 차를 되파는 과정도 지켜보았다.

심지어 내 구역을 빌미로 택배 구인 광고가 나왔길래 모르는 척 전화를 걸었더니 자리가 진짜 있다고 면접 보러 오라는 것이다.
나중에 지금 내가 이 구역을 배송하는 택배사 기사인데 당신들 지금 뭐 하는 거냐고 따져 물었더니 전화를 끊어 버렸다.

코로나 이후로 택배 물량이 증가하며 수입이 좋다는 뉴스가 나오면서 이런 신종 택배차 사기가 급증하고 있습니다.

그러다 보니 광고를 안 해도 지인들로 기사 구하는 것은 어렵지 않게 구하고 있습니다.

택배를 시작하고 싶으신 분들은 그 지역 택배기사에게 물어보는 것이 제일 정확합니다.

고수입으로 급여 명세서까지 올리는 광고는 없습니다.

그리고 설령 자리가 나온다 해도 좋은 자리는 없습니다.

좋은 자리는 나오지도 않고 주로 힘든 구역에 간혹 기사 구인 글들은 올라옵니다.

첫술에 배부를까

- 첫 번부터 곧 만족할 수 없으니, 급히 서두른다고 되는 것은 아니라는 말

자신이 한 일에 대한 후회는 세월이 지나면 희미해질 수 있지만, 하지 못한 일에 대한 후회는 사라지지 않는다.

- 시드니 J. 해리스

너희는 도적질하지 말며 속이지 말며 서로 거짓말하지 말며

- 레위기 19:11

경비아저씨가 무서워요

예전에는 아파트마다 고객들의 요청에 의해 택배를 경비실에 보관하고 장부에 기재하는 방식으로 위탁 배송이 이루어졌다.

아파트마다 경비아저씨들의 성향이 다 다르고 게다가 같은 아파트여도 교대 조에 따라 또 성향이 다 다르다.

장부에 적는 것도 아파트마다 달랐다.

어느 아파트는 동 호수만 적고 어떤 곳은 이름, 동 호수만 적는 곳도 있지만 제일 까다로운 곳은 이름, 전화번호, 동 호수, 택배사, 수량까지 적어야 하는 곳이다. 그런 데는 시간이 많이 걸린다.

코로나 전에는 대면 배송이 이루어졌기 때문에 일일이 고객들하고 통화를 하고 집에 안 계시면 무조건 경비실에 보관하였다.

그러다 보니 경비아저씨들도 업무가 가중되기는 마찬가지였다.

그나마 경비아저씨와 친하면 아무 문제 없이 장부에 기재하고 택배를 보관하는데, 까다로운 아저씨를 만나면 인터폰으로 직접 고객이 집에 있는지 확인하시는 분들도 있다.

제일 힘든 곳은 고객이 직접 경비실에 전화 요청해 택배 보관 요청을 해야지만 받아주는 곳도 있다. 그럴 때면 와이프에게 고객인 것처럼 전화를 걸어 보관한 적도 있다.

게다가 고객이 경비실에 맡겨 달라 해서 맡겼는데 찾아가지 않으면 경비 아저씨에게 한 소리 듣기도 한다.

제일 황당한 것은 고객이 경비실 보관을 요청해서 맡겨 놓았는데 왜 경비실에 보관했냐고 클레임 거시는 분들이 있다. 대부분 한 집에 여러 개의 택배가 오면 한 사람에게 전화를 걸어 보관했는데 자기는 경비실에 보관 요청을 안 했으니 집으로 갖다 달라는 것이다. 한 집에 여러 개의 택배가 오면 누구 것은 맡기고 누구 것은 갖다 주어야 하면 전화를 할 이유가 없지 않느냐고, 가족분들 중에서 경비실 보관 요청을 해 주셨으니 찾아가시라고 사소한 말다툼까지 이루어지는 경우도 허다하다.

가루는 칠수록 고와지고, 말은 할수록 거칠어진다.
  － 가루는 체에 칠수록 고와지지만 말은 이 입에서 저 입으로 담을수록
    마침내는 말다툼까지 가게 되니 말을 삼가라는 뜻

다른 사람들의 마음을 움직이고 설득하려고 하는 사람은, 먼저 자기 자신의 마음이 움직이고 설득되어야 한다.
  － 토머스 칼라일

선한 사람은 마음의 쌓은 선에서 선을 내고 악한 자는 그 쌓은 악에서 악을 내나니 이는 마음에 가득한 것을 입으로 말함이니라.

― 누가복음 6:45

제발 옷 좀 입어요

택배 초기 대학가 원룸단지 배송 중에 있었던 일이다.

대학가 주변 원룸들은 대개 학기 중에는 택배가 많이 오는데 방학 때가 되면 거의 택배가 오지 않는다.

방학 때는 월세를 아끼려고 다들 집으로 돌아간다.

원룸 주변에는 다수의 편의점들이 분포되어 있다.

대부분 낮에 수업을 듣기 때문에 편의점에 택배를 보관하는 것은 일상이 되었다.

그런데 편의점에서도 택배를 보관할 수 없는 품목들이 있다.

편의점에서 구입 가능한 물품들, 예를 들면 생수, 화장지, 음료수 등 생필품들은 편의점에 보관할 수 없다.

그러다 보니 전화를 걸어 직접 전달하거나 문 앞에 놓고 문자를 보낸다.

생수 1.5리터짜리 6개 묶음 2개가 왔다. 전화를 하니 집에 있다고 갖다 달라 해서 초인종을 누르고 기다리는데 여학생이 머리에서 물이 떨어지고 가운만 걸친 채로 나와 물을 받았다. 막 샤워 후 나온 모습이었다.

그냥 문 앞에 놓고 가라 하지 굳이 잠깐만요 하고 그런 모습으로 나오면 눈을 어디다 두라는 건지.

　우리 와이프도 일을 같이 도울 때 아파트에서 남성이 팬티 바람으로 나와 택배 수령을 한 적도 있다.
　민망한 모습일 때는 그냥 문 앞에 놓아 달라 하세요. 제발.

　어물전 망신은 꼴뚜기가 시킨다.
　　　　　－ 못난 사람일수록 그와 같이 있는 동료를 망신시킨다는 말

불편함이 없이는 변화가 이루어지지 않는다.
나쁜 상태에서 좋은 상태로 변화하는 경우도 마찬가지이다.
　　　　　　　　　　　　　　　　　　－ 리처드 후커

음행을 피하라 사람이 범하는 죄마다 몸 밖에 있거니와 음행하는 자는 자기 몸에 죄를 범하느니라.
　　　　　　　　　　　　　　　　　　－ 고린도전서 6:18

썩은 냄새는 뭐지?

택배는 전국 방방곡곡을 다 배송하다 보니 예전에는 택배사와 실종 어린이 찾기 캠페인을 하는 것을 보았다. 가끔 기사를 보면 택배기사들이 화재 사건을 목격하고 신고하여 큰 사고를 막은 사건이라든지 음주 운전자를 신고, 검거한 소식 등 다양한 공익 제보를 통한 선행의 모습들을 적지 않게 볼 수 있었다.

나 또한 아파트에서 배송 중에 타는 냄새와 연기가 자욱해 관리실에 연락해 찾아갔더니 할머니께서 생선을 구우면서 다른 일을 하시다가 생선이 타고 연기가 났던 사건이 있었다.

가장 충격적인 사건은 번지 내 엘리베이터가 없는 4층 빌라에서 있었던 일이다.

평소에 택배가 안 오던 집에 택배가 왔길래 고객에게 전화를 걸었더니 이사했다고 찾으러 갈 테니 그냥 집 앞에 놓아 달라는 것이다.

4층 건물에 3층이었는데 3층에 올라오자마자 구토가 나올 정도의 악취가 심했다. 그 악취는 4층에서 내려오는 냄새였다. 4층은 택배가 안 오기 시작한 것이 1년이 넘었다. 4층에 올라가 보니 악취는 더 심해졌고 문 앞에 박스가 몇 개 쌓여 있었다.

내가 군에 있을 때 의무경찰을 제대했는데 복무 당시 삼풍백화점 붕괴 사고가 있었다. 그때 우리 부대가 한 달 동안 시체 인양 작업과 경비 업무를 수행했는데 그때 맡아 보았던 사람 썩는 냄새와 흡사해 바로 경찰에 신고했다.

순찰차가 와서 우편물을 확인했더니 우편물도 쌓여 있었고 집에는 아무도 없었다. 경찰관들도 악취에 놀랐고 119 상황실에 협조를 구해 구급차까지 동원되고 문을 강제 개방했다고 한다.

나에게는 나중에 연락드릴 테니 기사님은 바쁘실 텐데 그냥 배송 가시라고 했다.

나중에 지구대에서 연락이 왔는데 개인정보가 있어 자세한 것은 알려드릴 수가 없다는 답변을 받았다.

부디 나쁜 일이 아니길 바랄 뿐이다.

그 이후로 악취는 많이 사라졌다.

가까운 남이 먼 일가보다 낫다.
  – 이웃과 서로 가까이 지내다 보면 먼 곳에 있는 일가보다
    더 친하게 되어 서로 도우며 살게 된다는 것을 이르는 말

우리가 매 순간을 챙기면서 살아간다면, 세월은 스스로를 챙길 것이다.

- 마리아 에지워드

이와 같이 너희 빛을 사람들에게 비춰라. 그래서 사람들이 너희의 선한 행동을 보고 하늘에 계신 너희 아버지께 영광을 돌리게 하라.

- 마태복음 5:16

갈비뼈 골절

택배를 하면서 골절 사고는 빈번한 일이다.

처음 택배를 시작하면서 그때는 한 번에 물건을 다 싣고 배송할 때여서 정말 구르마조차 실을 수 없을 정도로 1톤 탑차에 빽빽이 싣고 배송할 때였다.

탑차 뒷문을 열자마자 구르마가 떨어져 손으로 막으면서 오른쪽 새끼손가락이 골절을 당한 적이 있다. 택배 특성상 아프다고 바로 병원을 갈 수 있는 상황이 아니다. 우리는 다치거나 아파도 월요일에 병원을 갈 수밖에 없다.

택배기사에게 월요일은 직장인의 토요근무와 같다.

토요일, 일요일에는 쇼핑몰들이 쉬기 때문에 월요일에는 물량이 많지가 않다. 이게 나의 택배 첫 골절 사고였다.

두 번째 골절 사고는 비 오는 날 아파트 보도블럭 연석을 밟으면서 넘어져 연석에 갈비뼈가 부딪쳐 골절을 입었다. 갈비뼈 골절은 깁스를 할 수 없다.

갈비뼈 골절을 입어 본 사람들은 공감할 것이다. 자다가 일어날 때 힘들고 숨 쉴 때 아프다. 택배 특성상 물건을 들고 나를 때, 계단을 오르고 내릴 때 통증은 이루 말할 수 없다. 그렇다고 아프다고 쉴 수도 없다. 우리는 자영업자이기 때문에 대신 일을 해 줄 사람이 없기 때문이다.

그럴 때마다 와이프가 같이 출근해서 일을 도와주곤 했다.

세 번째 골절 사고도 비 오는 날 연석을 밟으며 넘어져 또다시 갈비뼈 골절 사고가 일어났다.

그날은 토요일이고 처갓집 식구들과 1박2일로 여행을 가는 날이었다.

숙소와 렌트카까지 예약되어 있던 터라 넘어진 걸 숨기고 여행을 갔다와 병원에 간적도 있다.

네 번째 골절사고는 택배 터미널에서 풋살 동호회에 가입하여 두 번째 게임하는 날에 발등 골절 사고가 생겨 깁스를 한 채로 배송한 기억이 있다.

요로 결석으로 2번이나 응급으로 간 적도 있고 택배기사들은 아프거나 다치면 대체할 사람이 없기에 자기 몸은 자기가 잘 체크하여 건강을 유지해야 동료에게 피해를 주지 않고 일을 할 수 있다.

전국의 모든 택배기사님들 건강에 늘 주의하세요.

개미 구멍이 둑을 무너뜨린다.

― 작은 실수나 부주의가 큰 화를 불러올 수 있으니
매사에 조심해야 한다는 뜻

우리에게 최악의 상황이란 것은 없다.

― 리처드 바크

여호와께서 그를 병상에서 붙드시고 그가 누워 있을 때마다 그의 병을 고쳐 주시나이다.

― 시편 41:3

자동차보험 공동 인수

택배를 처음 시작했을 때는 차가 없어서 지점에서 차를 임대했다. 매달 보험료와 임대료로 40만원씩 지불해야 했다.

3개월 이후 이 돈이면 중고로 구매가 가능할 거 같아 임대하던 차를 중고로 구입하게 되었다.

차를 구매한 지 얼마 되지 않았을 때 겨울에 경사진 곳에 내려가면서 차가 미끄러져 접촉사고로 이어졌다.

이게 첫 사고였다. 그래도 다행히 보험처리로 인사사고 없이 마무리가 되었다.

두 번째 사고는 골목에서 우회전하던 중 슈퍼에서 비 맞지 말라고 벽면에 캐노피를 설치했는데 우회전하다 탑차가 부딪힐 정도로 낮게 설치되던 것이다. 불법부착물이었지만 이것은 시청 행정과에 신고하면 과태료만 낸다고 한다. 이 건은 교통사고이기 때문에 대물로 처리해야 한다는 것이다. 수리비만 350만원 나왔다고 한다.

세 번째 사고는 아파트 내에서 장맛비가 내리던 저녁에 주차하려고 하던 차와 접촉사고가 났다. 한 해에 3건의 사고가 있다 보니 다음 해에 보험 갱

신을 하려고 하니 인수 거절이 되었다. 그래도 자동차는 보험을 안 들어 줄 수가 없어 3개 보험사가 책임보험으로만 비싸게 공동인수 조건으로 가입을 할 수밖에 없었다.

그 이후로 10년 동안 무사고로 있다가 최근에 또 한 건의 사고가 있었다.
아파트 단지 내에 알뜰시장이 들어섰는데 아파트 단지 길 양옆으로 푸드 트럭들이 장사를 하고 있었다. 다른 차들도 지나가고 있어서 천천히 10km 이하로 가고 있었다. 거의 모든 푸드 트럭 사이를 지나고 있었는데 마지막 푸드 트럭을 지날 때 쿵 하는 소리가 들렸다. 푸드 트럭 옆문이 탑에 걸려 접촉이 된 것이다. 내 시야에서는 보이지 않았고 블랙박스로 보니 인도 쪽으로 많이 돌출되어 있었던 것이다.
보험사를 불렀더니 주차된 차고 여기는 사유지라 도로에 해당하지 않기에 내 과실이 90%라는 것이다. 푸드 트럭 사장님이 장사 준비 중이라 놀라 넘어졌지만 다치진 않았는데 보험사에서 내 과실이 크다는 이야기를 듣자 그다음 날 병원에 입원해 보험사에 합의금 500만원을 요구하였다.
보험사는 규정이 있기 때문에 그렇게는 합의 못 하고 최소 부상등급으로 합의했다고 한다.
게다가 접촉 충격으로 푸드 트럭 옆면 지지대가 부러진 거 빼고는 차에 이상이 없었다. 그런데 1달 후 옆면, 뒷문 다 교체해야 한다고 700만원 견적서를 보내 왔다고 한다. 아무래도 나는 인정 못 하고 보험사기 같다고 재조사를 의뢰하였다. 얼마 지나지 않자 타이어가 찢어진 것을 이제야 발견했다고 타이어 교체했다고 타이어 교체비만 지급한 실정이다.

제일 아쉬운 것은 보험사의 대처였다.

인사사고는 얼마가 나왔든 간에 할증은 정해져 있다고 고객님이 신경 쓰지 않아도 된다는 것이다. 그리고 대물건도 물적 할증금이 200만원이기 때문에 200 이하로는 안 되기 때문에 200 이상이 나와도 할증률은 같기 때문에 금액은 신경 쓰지 말라고 하는데 나는 너무 억울해서 인정을 못 한다고 했다.

단순한 접촉사고였는데 배보다 배꼽이 더 큰 상황이 된 것이다.

무사고 10년이 이렇게 흠집을 남기네요.

다 된 죽에 코 빠뜨린다.
　　　- 죽을 저어 주면서 정성껏 끓이고 있는데 마지막 순간에 실수로 콧물을 빠뜨린다면 어떻게 될까? 거의 다 된 일을 한순간의 실수로 망치는 행동을 비유하는 말

'할 수 있다. 잘될 것이다.'라고 결심하라. 그리고 나서 방법을 찾아라.
　　　　　　　　　　　　　　　　　　　　　- 에이브러햄 링컨

속이는 저울은 여호와께서 미워하시나 공평한 추는 그가 기뻐하시느니라.
　　　　　　　　　　　　　　　　　　　　　- 잠언 11:1

거지 근성

나도 모르게 거지 근성이 있는 거 같다.
매번 배송할 때마다 간식을 챙겨 주시는 고객분들이 있다.
밥도 못 먹고 배송할 때가 많다 보니 간식은 나의 유일한 생명줄이었다.
지금은 비대면 배송이라 가끔 반품 회수할 때 반품 위에 간식을 놓아 주시는 분들이 계신다.

대면 배송일 때는 매번 전화를 걸어 고객에게 직접 택배를 배송하였는데 매번 간식을 주시니까 당연히 또 주실 줄 알고 나도 모르게 손이 마중 나가는 경우가 있다. 그러다 한 번 간식을 안 챙겨 주시면 왠지 서운한 감정까지 드는 건 뭘까? 이것이 거지 근성이구나.

옛말에 9번 잘해 주다가 한 번 잘 안 해 주면 마음이 변했다 서운하고, 9번 잘 안 해 주다가 한 번 친절을 베풀면 고마운 마음이 든다는 것이 바로 이런 거였나 봅니다.

저의 큰 누님이 계시는데 수원에 5층 빌라에 4층에 살고 계십니다.
저희 누님께서도 제가 택배를 하는 걸 알기 때문에 엘리베이터 없는 빌라라 매번 택배기사님들이 오시면 간식을 챙겨 주신다고 합니다. 그러다 한 번 정말 줄 것이 없어 간식을 못 챙겨 드렸더니 가만히 서 계시더라는 겁니다.

미안한 마음에 다음에 오실 때 간식을 챙겨 드렸더니 밑에 한 명 더 있더라고 이야기 하시길래 당황하시며 하나 더 챙겨 드렸다는 이야기를 들었습니다.

나와 같은 사람이 또 있구나라는 생각이 들더라구요.
고객님께서 주신 사랑과 관심이 제 욕심이 되어 버렸네요.
죄송합니다. 이제는 마음만 받겠습니다.

과일 망신은 모과가 시킨다.
- 못난 사람은 그가 속해 있는 단체의
여러 사람을 망신시키는 일만 저지른다는 말

비위에 맞을 때 하는 수천 번의 감사보다 이와 엇갈날 때 드리는 한 번의 감사가 더 값지다.
- 아빌라

모든 육체에게 먹을 것을 주신 이에게 감사하라 그 인자하심이 영원함이로다.
- 시편 136:25

택배 요금의 불편한 진실

예전에 쇼핑몰에서 물건을 주문하면 물건 값 외에 택배비를 별도로 지급하였다. 우리가 택배를 받게 되면 송장에 선불 또는 착불, 그리고 신용이라는 문구를 찾아 볼 수 있다. 하지만 착불비 외에는 금액이 표기되지 않는다.

코로나 이전에 택배비는 기본 2,500원에서 3,000원이었다. 일반적으로 기업 고객이라고 불리는 택배 단가였다. 지금은 많이 사라졌지만 전에는 수기 송장을 주로 사용하였다. 기업 고객이나 일반 고객이 택배를 보낼 때도 택배비는 같았다. 어느 순간 일반 고객 택배비가 인상이 되면서 기업 고객과 차이를 두게 되었다. 코로나 이후로 택배 물량이 증가함으로 택배기사들의 과로사가 많아지면서 택배기사의 처우 개선 목적으로 택배비가 인상되었다.

정작 택배기사들의 처우는 개선되지 않았고 기업 고객들의 백마진만 늘어나게 되었다. 여기서 택배비의 불편한 진실을 알게 된다. 코로나 이후로 2,500원의 택배비는 찾아 볼 수가 없다. 최소 3,000원 이상의 택배비를 고객들은 물건을 구입할 때마다 지불해야한다.

앞서 언급했듯이 택배 송장에는 택배비가 기재되지 않는다. 나는 분명 택배비를 최소 3,000원 이상을 지불했는데 업체는 택배사와 3,000원 이하의 금액으로 계약을 체결한다. 남는 택배비는 업체의 수익으로 돌아간다.

어찌 보면 내 돈을 갈취당하는 것이다. 또한 택배사들의 무한 경쟁으로, 기업과 택배사 간의 가격 경쟁으로 택배기사들에게 돌아가는 수수료는 더 낮아질 수밖에 없다.

기업 고객들도 무한 경쟁 속에서 꼼수를 부리기 시작했다. 무료배송이라는 것이다. 은근슬쩍 물건 값에 택배비를 포함시키거나 회원제를 이용한 일정 금액을 지불받는 형식으로 바뀌게 되었다.

기업들의 백마진만 없더라도 기사들의 처우는 많이 좋아질 것이다.

예전에 수기 송장을 사용할 때는 정이라는 게 있었다. 무거운 택배를 보내게 될 때 집하 기사들이 수기 송장 뒷면에 1,000원 넣어서 보내는 경우도 많았다. 지금은 어떤가. 무거운 택배가 가벼운 행낭 택배보다 택배비가 더 싸게 오는 경우가 많다.

3,000원의 택배비를 지불했다 치자. 이 돈이 어떻게 분배가 되는가. 택배사마다 차이가 있겠지만 대개 집하 기사가 400원 정도, 배송기사가 800원 정도, 집하 대리점이 또 %, 배송 대리점이 %, 택배사, 간선차, 도급사가 1/n로 분배가 이루어진다.

처음에 쿠*이 자체 배송망이 없어 택배사에 위탁배송을 맡겨 배송을 하였다. 그러다 점차 택배 물량이 늘면서 건당 2,000원의 수수료를 지급하며 택배기사들을 모집하였다. 그러다 어느 시점에 물량이 늘어나면서 지금은 최소 건당 600원 미만까지 내려갔다.

지금의 택배 시스템을 보면 24시간 택배를 받아 보는 시대에 우리는 살고 있다. 누군가의 희생으로 우리는 편하게 집에서 모든 물품을 빠르게 받아 보는 시대에 살고 있다. 그 이면에는 택배기사들의 피와 땀이 섞여 있다는 것을 잊지 않았으면 좋겠다. 택배비와 택배기사의 처우는 반비례로 가고 있는 이 상황이 안타까울 뿐이다.

배송 한 건당 800원의 예를 보면 부가세 제외하면 720원꼴이다. 기업고객들은 고객에게 세금계산서를 발행하지 않는다. 하지만 업체들은 택배사들에게 세금계산서를 요구한다. 왜 기업들은 고객에게 세금계산서를 발행하지 않는데 택배기사들은 부가세를 납부해야 하는지 이유를 모르겠다.

택배기사들은 건당 수수료로 먹고 사는데 차 할부금, 주유비, 통신비, 식대, 보험료, 부가세까지 납부하게 되면 정작 남는 게 별로 없다.

그래서 배송을 더 많이 해야 한다는 결론이 생긴다.

다람쥐 쳇바퀴 돌듯

  — 앞으로 나아가거나 발전하지 못하고
   똑같은 일만 되풀이해서 한다는 말

꿈, 소원, 목표는 누구나 가질 수 있다. 그러나 그것을 실현하기 위해 걸어야 할 어려운 가정을 밟을 용기를 지닌 사람은 드물다.

사람이 해 아래에서 행하는 모든 수고와 마음에 애쓰는 것이 무슨 소득이 있으랴.

― 전도서 2:22

택배가 내 손에 오기까지

흔히 우리가 쇼핑몰에서 물건을 주문하면 어떤 과정을 거치며 내 손에까지 오는지를 살펴보겠습니다.

고객님이 물건을 주문하면 업체는 물건을 포장하고 계약된 택배사 프로그램에 들어가 고객의 주요 정보를 입력하면 담당 택배기사에게 집하 지시가 떨어집니다. 여기서 집하란? 택배 수거를 뜻합니다.

담당 기사는 집하 송장을 출력하여 물건을 수령하고 스캔을 잡으면 집하 완료라는 문구가 나옵니다. 집하한 물건을 택배 물류센터에 입고하면 간선차에 택배를 적재하는 것을 간선 상차라고 합니다. 간선차에 전국으로 가는 여러 개의 택배를 싣고 허브 터미널로 이동을 합니다. 허브 터미널이란 여러 지역에서 모인 택배를 취합하여 다시 배송지역으로 분류하기 위한 것이 간선 하차입니다.

또다시 분류된 택배를 지역으로 보내는 간선차에 한 번 더 간선 상차라고 문구가 나옵니다. 간선 상차된 택배가 지역 물류센터에 입고되면 다시 간선 하차가 됩니다. 여기서 간선이란? 지역 간 이동하는 차량을 말합니다.

간선 하차된 택배를 분류하여 배송 기사가 픽업하여 택배차에 물건을 상차하는 것을 배송 상차라고 부릅니다. 배송 상차 후에 배송 시간을 체크하면 배송 출발이라는 문구가 나오며 고객에게 문자로 전송이 됩니다.

배송이 완료되면 본인인지, 문 앞인지, 고객이 요청한 장소에 택배가 배송되면 배송 완료라고 뜨며 문자가 전송됩니다.

쉽게 말하면 우리가 운송장 번호를 추적하면 집하출발-집하완료-간선상차-간선하차-간선상차-간선하차-배송상차-배송출발-배송완료. 이런 순으로 보여지게 됩니다. 내가 주문한 택배가 내 손에 들어오기까지 많은 사람들의 손을 거쳐야만 받아 볼 수가 있다는 겁니다. 이렇게 많은 단계를 거치기 때문에 중간중간에 박스가 찢어지거나 파손되어 오는 경우도 많이 있습니다. 아무 이상 없이 택배가 도착했으면 다행인 것입니다.

콩 심은 데 콩 나고 팥 심은 데 팥 난다.
 - 모든 일은 원인에 따라 결과가 나타나는 것임을 비유적으로 이르는 말

성공하는 기업의 일하는 방식은 일을 할 때, 아주 단순하고, 규칙적이고, 잊지 않고 한다는 것이다.
— 윌리엄 헤스케스 레버

부지런한 자의 경영은 풍부함에 이를 것이나 조급한 자는 궁핍함에 이를 따름이니라.
— 잠언 21:5

이실직고

앞서 이야기했듯이 택배 하나가 내 손에 들어오기까지 수많은 손을 거치게 된다. 허브 물류센터에서 분류하는 사람들은 대부분 알바들이다.

나 또한 검도관을 접고 물류센터에서 알바를 한 경험이 있다. 매일 생활정보지에 '당일 지급 15만원 택배 상하차 업무'라고 광고를 해서 사람들을 모집한다. 내 지역은 천안에서 모여 관광 버스로 옥천, 대전, 신탄진으로 구분되어 상하차 업무를 하였다. 보통 저녁 8시부터 하차 작업이 시작된다. 6시 정도에 천안에 집결하여 명단 확인 후 작업장에 도착하면 지문 등록을 한다. 여자들은 스캔 작업으로 빠지고 남자들은 상차조, 하차조로 구분된다. 나는 신탄진과 옥천에서 일을 한 경험이 있다. 신탄진은 도착하자마자 저녁을 준다. 구내식당이 잘 되어 있다. 저녁을 먹고 8시부터 작업이 시작되어 새벽 5시에 마무리하여 다시 천안으로 돌아온다.

신탄진에서는 상차업무를 수행했었다. 5시까지 일을 마무리 하지 못하면 나머지 택배들은 잔류 상태로 남게 된다. 투 잡을 하는 사람들이 대부분이라 5시에 일을 마치고 귀가해서 본인의 일터로 출근할 수 있기 때문이다.

옥천 작업장에서는 8시에 일을 시작하고 12시에 야식을 먹는다. 여기도 마찬가지로 5시에 작업이 마무리되는데 9시간 동안 일하고 야식 먹는 시간 30분 외에는 쉬는 시간이 없었다. 지금은 근무 여건이 많이 좋아진 것으로 알고 있다. 일을 마치면 물류용역에서 사람을 모집한 팀장이 일당을 지급하는데 내가 그때 받은 돈은 75,000원이었다. 분명 광고에는 150,000원이라고 했는데 따져 물었더니 그렇게 광고하지 않으면 사람을 모을 수 없다는 것이다. 분명 물류센터에서는 15만원을 주었을 것이다. 나머지는 자기들이 소개비 명목으로 가져간다는 것이 이 계통의 룰이라고 한다.

하차와 상차는 2인 1조로 간선차 1대당 배정이 되는데 보통 4대 정도 하차한다. 그나마 하차는 물건을 레일에 내려놓으면 되지만 상차는 레일에서 간선차에 물건을 적재해야 하기 때문에 쉬운 일이 아니었다.
나는 이 과정을 겪어 보았기에 택배가 왜 파손이 많은지 알 수 있었다. 일하는 사람들이 정규직이 아니다 보니 물건을 마구 집어 던지며 일을 하는 것이다. 배송지에 물건을 싣기 전에 파손을 파악하면 파손 스캔을 잡아 나한테 불이익이 가지 않는데, 하차 후 2시간이 경과한 후 파손을 파악하게 되면 고객이 클레임을 걸면 기업들이 사고처리를 한다. 그러면 기사들이 1/n로 배상을 해야 한다. 집하자, 허브터미널, 물류센터, 배송자에게 배정이 된다.
여기서 내가 파손 스캔을 잡게 되면 1/n에서 나는 빠지게 된다.

하지만 배송 상차할 때는 파손을 알 수 없고 배송 시에 발견하게 되면 고객에게 사실 관계를 이야기하면 그냥 넘어가는 고객님들도 계신다. 파손을 알고도 고객에게 이야기하지 않고 배송을 하다 클레임이 들어오면 고객들도 기분이 안 좋고 나는 배상도 해야 되고 마음 상하는 것이 이만저만이 아니다.

일례로 음료수 캔을 주문하였는데 개중에 하나가 터져 고객에게 하나 값만 배상하겠다고 하면 고객님들이 괜찮다고 말씀해 주시는 분이 많으시다.

한번은 세제가 박스에 여러 개 들어 있었는데 그중에 하나가 터져 박스 사이에서 새어 나오는 경우가 있어 고객에게 통화하고 한 개 값만 지불한 적이 있다. 만약 그냥 배송해서 사고 처리하면 1/n이기 때문에 더 많은 불이익을 감수해야 한다.

차라리 발견 즉시 고객에게 이실직고하는 것이 나에게 이익이 되는 것이다.

비는 데는 무쇠도 녹는다.
— 자기의 잘못을 뉘우쳐 잘 변명하고 사과하는 데는 아무리 완고한 사람이라도 용서함을 비유적으로 이르는 말

다른 사람에게 호의를 베풀었을 때 느껴지는 즐거움은 부분적으로 우리가 완전히 쓸모없는 사람은 아니라는 느낌에서 오는 것이다. 그것은 우리 자신에게도 놀랍고도 즐거운 일이다.
— 에릭 호퍼

너희가 사람의 잘못을 용서하면 너희 하늘아버지께서도 너희
잘못을 용서하시려니와.

— 마태복음 6:14

직업병

　사람은 누구나 자기 관심 분야에 더 집중하게 된다.
　나 또한 검도관을 운영할 때는 아파트 밀집 지역, 주택 밀집 지역, 상가 등을 유심히 지켜보다가 저기에 검도관이 있었으면 잘 되겠다 등 자기 관심 분야에서 사물을 바라보게 된다. 진짜로 저 위치에 뭐가 있으면 잘 되겠다 생각했던 것들이 정말로 생겨 잘 되는 경우도 목격한 적이 있다.

　여행을 갈 때마다 저 위치에 저 많은 유동인구가 모여 살면 체육관 하면 대박이겠는데 하던 곳에 검도관을 계약한 적이 있다. 정말로 처음에는 잘 되었다. 그런데 잘 된다는 소문이 돌면 동종 업종들이 주변에 하나씩 생기기 마련이다. 우리가 흔히 식당 간판들을 보면 저마다 원조라고 한다.

　나 또한 처음 오픈한 검도관이 잘 되다 보니 중학교 때 같이 운동하던 친구가 바로 앞에 나보다 더 큰 상가에서 검도관을 개관하여 선의의 경쟁을 한 경험이 있다. 그렇게 경쟁하다 보니 너무 힘들어 여기 충남 아산으로 제2의 검도관을 개관하게 되었다. 아산이 당시 개발이 덜 되었고 운동할 곳이 적다 보니 잘 된다는 소문을 듣고 개관하였는데 1, 2년은 정말 발 디딜 틈이 없을 정도로 많은 사람들이 몰려왔었다. 이후에 잘 된다는 소문이 돌자 주변에 동종 체육관이 들어와 또 경쟁을 할 수밖에 없었다.

　여러 악재가 겹쳐 체육관을 접고 택배를 시작하였는데 이제는 새로 짓는 아파트만 보아도 택배 많이 오겠다, 이 지역은 괜찮고 이 지역은 배송하기 힘들겠다 등 이제는 관심 분야가 모두 택배로 보이기 시작했다.
　내가 이러니 가족들도 예전에 검도 할 때는 검도관 간판만 보이다가 이제는 택배차들만 눈에 보인다고 말한다. 직업병이 정말 무섭다.

바늘구멍으로 하늘 보기
　　　　　- 좁은 바늘구멍으로 넓은 하늘을 본다는 뜻으로
　　　　　자신이 아는 대로만 세상을 보고 믿는다는 뜻

꿈, 소원, 목표는 누구나 가질 수 있다. 그러나 그것을 실현하기 위해 걸어야 할 어려운 과정을 밟을 용기를 지닌 사람은 드물다.

그러므로 나는 사람이 자기 일에 즐거워하는 것보다 더 나은 것이 없음을 보았나니 이는 그것이 그의 몫이기 때문이라.
　　　　　　　　　　　　　　　　　　　- 전도서 3:22

택배기사가 바라본 물류 전망

벌써 택배를 시작한 지가 어언 12년 차에 들어섰다.

처음 택배를 시작할 때는 옐*우 택배와 K*B 택배를 같이 하던 지점이었다. 당시만 해도 현*택배, 동*택배, 한*택배, 로*택배, 일*택배, 천*택배, 경*택배, 대*택배, 우*국택배, 대*통운 택배, 씨*이 택배가 있었다.

택배사마다 특징들이 있었다. 소화물 전담하는 택배, 큰 짐, 일명 똥짐 전담 택배, 화물택배, 의약품 전담, 국제택배 등 분야가 어느 정도 정해져 있었다.

그러다 점점 택배사마다 경쟁이 치열하다 보니 통폐합이 이루어진 시기가 있었다. 현*택배는 이름을 롯*택배로 변경하였고, 옐*우 택배는 동*택배와 합병하면서 K*로지스라는 새로운 이름으로 재탄생했으며, K*B 택배는 점점 사라져 갔으며, 대*통운과 씨*이가 합병하면서 씨*이 대*통운으로 이름이 변경되었다. 이윽고 로*택배는 K*로지스와 합병하여 로*택배 하나로 뭉쳐졌다.

반면 새로운 신흥강자 쿠*은 처음에 K*로지스에서 위탁배송으로 시작하여 자체 배송망으로 전환하면서 건당 수수료 2,000원대를 내세우며 택배

생태계를 교란시켰다.

　이윽고 쿠*전담 배송, 일명 쿠*맨 정직원이라는 타이틀을 걸고 기사들을 대거 모집하여 월급제로 전환시키다가 쿠* 등 다양한 형태의 배송망을 갖추면서 쿠*맨을 없애고 쿠*로지스로 택배사업에 뛰어들면서 모든 유통구조의 큰 혁신을 가져왔다.

　365일 새벽 배송을 도입하면서 새로운 물류 시스템이 등장하게 된다. 마*컬리도 초창기 씨*이 택배에 위탁배송 시스템을 도입하다 수도권부터 점차 자체 배송망으로 돌아서게 되었다. 그러자 대형마트들도 위기감에 자체 새벽배송과 무료배송으로 승부수를 띄우기 시작했다.

　한국이 이커머스의 신흥 나라로 부상하자 중국 기업들도 점차 한국 물류에 관심을 가지며 알*, 테*, 쉬* 등 공격적인 마케팅을 시작으로 대형 택배사들과 업무 협약을 맺고 배송 전쟁에 뛰어들었다.

　쿠*이 씨*이를 압도하며 택배 1위를 탈환하자 씨*이 대*통운도 휴일 배송을 선언하며 반 쿠* 세력들이 모이게 된다.

　네*버 역시 대*통운의 매일 오네 서비스를 도입하며 배송 전쟁에 뛰어들었고, 한* 또한 휴일 배송을 시작하게 되었다.

　나도 중국 쇼핑몰에서 물건을 자주 구입하지만 왜 중국 쇼핑몰에 사람들이 급격하게 모이게 되는지 알게 되었다. 똑같은 제품을 우리나라 쇼핑몰에서는 몇 배의 이익을 취하는데 직구로 구입하면 훨씬 저렴하게 구입할 수 있기 때문에 사람들이 직구로 모이게 되는 것이다.

게다가 예전에 비해 직구도 배송이 빨라지고 있다. 이제 중국 플랫폼들이 한국에 물류센터까지 임대하고 있는 상황이다. 이런 속도로 가다가는 한국의 택배 물류시장도 이제 중국의 자체 배송망을 구축하는 데는 시간 문제이다. 그러면 한국의 택배 회사들은 긴장하지 않을 수 없다.

이렇게 배송이 빠르게 전개되다 보니 대형 마트들이 줄줄이 문을 닫고 있고 이커머스 회사들도 하나둘씩 사라져 가고 있다.

점점 택배비는 인상이 아닌 하락으로 가게 될 것이며 택배기사들의 수입은 점차 줄어들고 배송량만 늘어나면서 노동 강도는 더 심해질 것이다.

고객들도 예전에 2, 3일 만에 받아 보던 택배를 이제는 몇 시간 안으로 받아 보게 되면서 점차 인내심과 택배를 받는 기대감도 줄어들게 되었다.

가꿀 나무는 밑동을 높이 자른다.
— 어떠한 일이나 장래의 안목을 생각해서
미리부터 준비를 철저하게 해 두어야 한다는 뜻

비관론자는 기회 속에서 난관을 보고, 낙관론자는 난관 속에서 기회를 본다.
— 윈스턴 처칠

생각하건대 현재의 고난은 장차 우리에게 나타날 영광과 비교할 수 없도다.
— 로마서 8:18

뭐가 그리 즐거워

내가 일하면서 많이 듣는 말이 "뭐가 그렇게 즐거워서 웃어"라는 말이다.

나는 일할 때 늘 즐겁게 일하고 있다. 물론 즐거워서 웃을 때도 있지만 웃음으로써 즐거워지는 것도 있다. 나는 일할 때 동료들과 농담도 하면서 일한다. 그러면 주변의 동료들로부터 "좀 조용히 해라"라는 말도 듣는다.

다른 대리점 소장님은 나를 만나면 기분이 좋아진다고 말씀하신다. 사람을 만날 때 좋은 에너지를 받는 사람이 있는가 하면 반대로 사람을 만났을 때 기분이 안 좋은 사람이 있다고 하신다. 하지만 나는 전자에 속한다고 늘 말씀해 주신다.

1년에 한 번씩 회사에서 건강 검진을 한다. 거기에는 직업 만족도라는 것이 있는데 상담사 선생님께서는 기사님은 직업 만족도가 최상위에 있다고 하시면서 기사님은 되게 즐겁게 일하시는 거 같다고, 얼굴 표정에서 그렇게 보인다고 말씀을 하신다.

배송 구역에서도 고객분들께 "저는 씨*이 기사님이 제일 친절하고 밝아서 좋아요"라는 말도 많이 들었다.

아마도 내가 레크레이션 강사를 하고 있어서 그런가 보다. 가끔 레크레이션 진행이나 마술쇼, 버블쇼 공연이 들어오면 공연을 한다.

SNS도 하고 있고 많은 사람들과 소통하고 즐기다 보니 성격이 늘 밝아 보이는 것 같다. 분류 도우미로 일하시는 누님들도 나하고 일하면 즐겁고 시간 가는 줄 모르겠다고 하시는 분들이 많다.

택배도 서비스직인데 서로 웃으면서 일하면 얼마나 즐거운가.

뚝배기보다 장맛이 좋다.

— 겉으로 보기에는 보잘것없으나 내용은
겉모양보다 훨씬 훌륭함을 이르는 말

항상 기뻐하라.

— 데살로니가전서 5:16

오지랖

나는 성격 자체가 남에게 피해를 주지 않으려고 노력하는 사람이다.

그러다 보니 내 몸이 피곤할 때가 많다. 어려서부터 운동을 해서 눈치가 빠르다고 할까, 눈치를 많이 본다고 해야 될까?

어려서부터 몸이 빠르고 날렵하다 보니 순발력이 좋다는 이야기를 많이 들었다. 어떤 일을 시키든지 욕먹으면서 일해 본 적은 없는 거 같다. 나에게 주어진 일은 최선을 다해 수행한 거 같다.

대학교에서 검도 동아리를 창설하였던 적도 있고 검도 외래 교수로 임용되기까지 내가 하는 일에 대해서는 언제나 인정을 받아 왔다. 그 이면에는 오지랖이 한 몫 했을 것이다. 젊은 나이에 체육관 관장이 되면서 위로 선배 관장님들을 나름 잘 챙겨 왔다. 교회에서도 장로님들이 나를 더 좋아하신다.

그런데 이 오지랖이 부메랑이 되어 돌아올 때가 있다.

대리점에서도 문제가 생기면 내가 먼저 다가가 제안을 하고 일을 하다 보니 알게 모르게 동료들 사이에서도 오해 아닌 오해도 불러일으키곤 했다.

분류 알바가 새로 오면 적응할 때까지 다회전 배송도 안 하고 옆에서 도와

일했다. 이 오지랖 때문에 내가 힘들어도 아무 말 못 하고 일한 적이 많다.

동료가 다쳐 일하기 힘들어 하면 끝나고 빨리 다가가 배송을 돕는다.
새로운 동료가 와서 배송이 늦어지면 달려가 돕고, 반품 회수율이 떨어지면 끝나고 대신 픽업하고, 이 오지랖이 좋은 건지 나쁜 건지 모르겠다.
확실한 건 누가 뭐래도 난 이 성격대로 계속 일할 것 같다.

모난 돌이 정 맞는다.
　　　　　　- 두각을 나타내는 사람이 남에게 미움을 받는다는 말로,
　　　　　　　너무 강직한 사람이 남에게 공박을 받는다는 뜻

타인을 위해 좋은 일을 하면, 자기 자신도 치료된다. 왜냐하면 선행의 기쁨은 정신의 치료제이기 때문이다. 그것은 모든 장애를 뛰어넘는 힘을 가졌다.
　　　　　　　　　　　　　　　　　　　　　　　- 에드 설리번

각각 자기 일을 돌볼뿐더러 또한 각각 다른 사람들의 일을 돌보아 나의 기쁨을 충만하게 하라.
　　　　　　　　　　　　　　　　　　　　　　　- 빌립보서 2:4

못 들은 걸로 하고 보내 주세요

내 배송 구역 안에 박물관이 있었다.

박물관은 화요일부터 일요일까지 문을 열고 월요일에는 휴무다.

토요일 오후 마지막 코스로 박물관에 택배를 배송하고 나가려는데 어디서 다급한 소리가 들려왔다.

"기사님, 택배 하나만 보내 주세요."

"네, 보내시는 물품이 뭔가요?"

"미술품입니다. 전주에 박물관으로 보내 주세요."

"미술품이면 고가 아닌가요?"

"네, 금액을 산정할 수 없어요. 잘 좀 보내 주세요."

"네? 이 물품은 택배로 보낼 수 없습니다. 만약 배송 도중 파손 사고가 발생하면 저에게 책임을 물으실 거 아닙니까? 이런 고가는 직접 갖다 주셔야지요."

"급해서 그러는데 뭐 별일 있겠어요? 그냥 보내 주세요."

"아니요, 제가 들은 이상 보내 드릴 수가 없습니다."

"그러면 안 들은 것으로 하고 보내 주시면 되잖아요?"

"제가 이미 들었는데 어떻게 안 들은 것으로 하고 보냅니까? 아무리 택배비를 많이 지불한다 하더라도 이 제품은 택배로 보낼 수 없습니다. 죄송합니다."
라고 말하고 박물관을 빠져나왔다.

아무리 택배가 빠르게 배송된다지만 이런 고가 박물관 전시하는 미술품까지 택배로 보낼 생각을 하시는지 모르겠다.
대개 이런 물품은 전담 배송팀이 있지 않을까요?
비싼가?

말로는 못 할 말이 없다.
— 실지 행동이나 책임이 뒤따르지 아니하는 말은
무슨 말이든지 다 할 수 있다는 말

우리 모두는 자신이 하고 있는 일에 대한 믿음을 가져야 한다.
— 알란 D. 길모어

우리가 다 실수가 많으니 만일 말에 실수가 없는 자라면 곧 온전한 사람이라 능히 온 몸도 굴레 씌우리라.
— 야고보서 3:2

장애를 딛고 서다

1998년 9월에 대학을 다니면서 검도 사범으로 있다가 불의의 교통사고로 장애 판정을 받았다. 관장님 심부름을 다녀오다 오토바이를 타고 왕복 8차선에서 주의 신호에 출발하다 교차로에 불법 좌회전을 시도하려던 승용차와 충돌이 있었다. 사고 당시 몸이 공중으로 뜨면서 추억들이 파노라마처럼 스쳐 지나가는데 '나는 죽었구나'라는 생각이 들었다.

마침 지나가던 병원 구급차가 나를 발견하고 병원으로 바로 이송하였다. MRI를 찍었더니 큰 병원으로 가서 수술해야 한다고 해서 대학 병원으로 이송되었다.

병명은 오른쪽 무릎 후방 십자 인대, 전방 십자 인대 파열, 연골 파열이었다.

한 번의 대수술을 받고 회복하던 중 인대 고정핀에 이상이 생겨 재수술에 들어갔다. 수술 후 회복 과정에서 다리가 굳어 버리자 3차 수술을 받았다.

3차 수술 후 연골 파열이 있었다는 것을 파악 후 4차 수술에 들어갔다.

수술 중 신경을 건드려 발가락에 감각이 사라져 회복하기까지 2년이라는 시간이 걸렸다. 4차 수술 후에도 연골이 재생되지 않자 주사치료 등 병원에서 할 수 있는 치료는 다 해 보았지만 더 이상의 진전이 없자 장애 판정을 내려 주시면서 퇴원하게 되었다. 당시 무릎은 직각 90도에서 더 이상 관절이 움직이지 않았다. 일상생활에서도 보호대 착용 없이는 보행이 불가능했다.

제일 불편한 것은 화장실과 신발을 벗어야 하는 장소에는 들어가기가 어려웠다는 것이다. 운동은 평생 할 수 없다는 진단을 받았다.

그러던 중 교회 선생님으로 있을 때 학생회 수련회에서 목사님이 집회 중에 아픈 부위에 손을 얹고 기도하라는 것이다. 설마 병원에서도 못 고치는 것을 어떻게 기도해서 고칠 수가 있나라는 생각을 하였지만 한편으로는 손해 볼 것도 없기에 이렇게 기도했다. 하나님 지금 목사님이 아픈 부위에 손을 얹고 믿음으로 기도하라고 하는데 "저도 저 학생들처럼 무릎 꿇고 기도할 수 있다면 신앙생활 제대로 하겠습니다."라고 기도하고 집회가 끝나자 기도의 의심이 들기 시작했다. 정말 무릎이 굽혀질까 의심도 잠시, 내 무릎이 엉덩이에 닿기 시작했다. 정말 기적이 일어난 것이다. 내 눈에서는 뜨거운 무언가가 흐르고 있었다. 그 이후로 나는 열심히 기도하고 재활하며 검도를 다시 시작할 수 있었다. 검도 관장도 하였고, 대학에서 검도를 가르칠 수도 있었다.

그리고 무엇보다 힘들다던 택배를 이 다리로 하고 있다. 가끔 무릎에 통증이 있어 병원에 찾아가면 의사 선생님들이 이 다리로 운동을 하고 택배를 한다고 하면 놀라신다. 정말 장애를 딛고 기적처럼 일어난 것이다.

당시 이 수술은 우리나라에서 많이 시행한 수술이 아니었다. 축구 선수 이

동국 선수도 경기 중에 후방 십자 인대가 끊어져 독일에서 수술을 받고 왔다. 당시 수술에 참여한 레지던트 선생님은 나를 상대로 논문을 쓰고 있다며 수시로 경과를 지켜보셨다. 당시에 나는 마루타였던 것이다. 지금 생각해 보면 의료 사고였는데 그것조차 증명하기란 어렵다고 한다. 나를 수술한 분이 지금의 우리나라 국가대표 스포츠 외상 박사님으로 계신다. 나로 인해 아마도 이 수술이 이제는 한국에서도 후유장애 없이 잘 되는 것 같다.

고생 끝에 낙이 온다.
　- 고생을 겪은 후에는 반드시 즐겁고 행복한 일이 찾아온다는 의미로,
　　　어려움을 극복하고 앞으로 나아가도록 격려하는 속담

끝났다고 슬퍼하지 말고, 일어났다는 것을 기뻐하라.
　　　　　　　　　　　　　　　- 테오로드 세우스 가이젤

하나님은 아프게 하시다가 싸매시며 상하게 하시다가 그의 손으로 고치시나니.
　　　　　　　　　　　　　　　- 욥기 5:18

아빠 나도 차박 하고 싶어

우리 딸이 태어난 지 1년 만에 택배를 하기 시작했다.

택배는 월요일부터 토요일까지 배송이 이루어진다. 나름 일요일에는 교회를 가지만 평일 휴일에는 지역 축제나 시골에 계신 부모님 댁에 자주 갔었다.

초등학교 입학할 당시 코로나로 입학식도 없이 온라인 수업으로 이루어졌다. 코로나가 잠잠해질 무렵 대면 수업으로 바뀌면서 월요일마다 학교에서 주말에 있었던 이야기들을 발표하는 시간이 있었던 거 같다.

코로나 이후로 차박, 캠핑이 유행이었다. 어느 날 딸이 나에게 이런 이야기를 하였다.

"아빠, 다른 친구들은 아빠랑 차박도 하고 캠핑도 간다는데 부럽더라."

이 말이 마음에 남아 있었다. 조금씩 모은 용돈으로 중고차 시장에서 카니발을 구입하고 차박 용품들을 하나씩 사며 주말에는 교회 때문에 여행을 못 갔지만 공휴일이 찾아오면 펜션을 자주 가서 많은 추억을 남기려고 노력하였다.

택배차도 탑차를 새것으로 교환하면서 안면도에 가서 해산물을 사 가지고 탑차 안에서 라면도 끓여 먹고 시골집에 가서 탑차 안에 텐트도 치며 차박도 하고 나름 가족들과 많은 시간을 가지려고 노력했다.

지금의 씨*이 대*통운이 매일 오네 7일 배송을 런칭하여 시작하였는데 처음에는 휴일이 없어 이제는 가족여행은 못 가겠구나 해서 불평불만이 많았는데, 2인 1조로 배송하다 보니 격주로 월요일에 쉬어 오히려 숙박시설 예약할 때 저렴하게 갈 수 있어 좋았다.

오히려 평일 쉬는 날에 딸은 체험 학습을 내고 여행을 하니 더 좋아한다. 요즈음 아이들 있는 동료 택배기사들은 나처럼 가족들과 시간 보내는 친구들을 많이 보게 된다. 돈 버는 것도 좋지만 가족들 간의 추억은 돈으로 살 수 없는 것 같다.

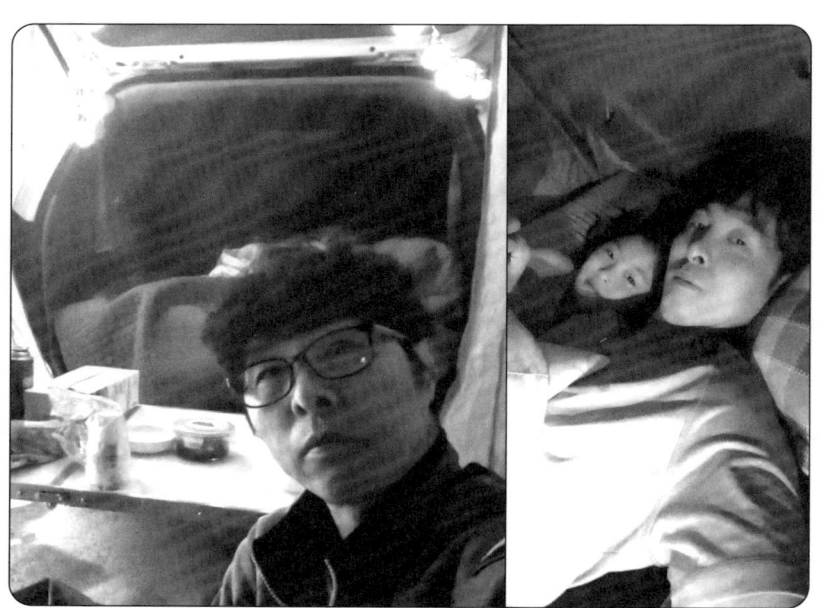

여름비는 잠비고, 가을비는 떡비
― 여름은 농한기라서 비가 오면 낮잠을 자게 되고, 가을은 수확의 계절이라 비가 오면 잘 먹게 된다는 말 (여름철에 내리는 비를 '잠비'라고 하고, 가을에 내리는 비는 '떡비'라고 합니다. 여름에 비가 내리면 일을 못하기 때문에 잠을 자면서 피로를 푼다는 뜻이지요.)

단지 돈을 목적으로 일을 한다면, 결국에 찾아오는 것은 공허함뿐이고, 사람을 목적으로 일을 한다면 찾아오는 건 행복일 겁니다.
― B.C 포브스

누구든지 자기 친족 특히 자기 가족을 돌보지 아니하면 믿음을 배반한 자요 불신자보다 더 악한 자니라.
― 디모데전서 5:8

동물농장

내 배송 구역에 일반 번지 대는 오래된 빌라와 단독주택집이다.

논과 밭 사이를 가로질러 배송을 하고 있다. 그러다 보니 주택마다 개를 키우고 계신다. 우리가 알고 있는 애완견이 아닌 대형견이다. 종류도 다 다르다. 진돗개, 사냥개, 불독, 시베리안 허스키, 도베르만, 골든 리트리버, 사모예드, 똥개 등 다양한 개들을 키우시고 계신다. 주인들은 다들 순진하고 물지 않는다고 하지만, 주인은 물지 않겠지만 낯선 사람에게는 경계를 하는 것이 개들의 일반적 특징이다.

한번은 택배를 주고 나오려는데 사냥개가 목줄이 풀려 매섭게 짖으며 나를 천천히 따라오는 것이다. 나는 등을 보이면 큰일 날 거 같아 뒷걸음으로 빠르게 도망쳤다. 그 이후로 내 탑차 뒤에는 죽도가 실려 있다. 그 집에 배송 갈 때는 죽도를 항상 들고 다닌다. 게다가 bb탄 총까지 구입해 갖고 다닌다. 그 집을 지나쳐 언덕을 올라가는 집이 있는데 그 집에는 똥개 2마리가 있었다. 매번 갈 때마다 짖으며 달려들지만 목줄에 매여 간신히 앞을 지나갈 정도다.

어느 날은 2마리 모두 털이 빠지기 시작하더니 어느 순간에 짖지도 않고 갈비뼈만 남아 있었다. 밥그릇에는 아무것도 없었고 물도 없었다. 그 집에 어르신은 인근 아파트 경비원으로 격일로 근무하시고 아들은 학원 차 기사로 일하는 거 같았다. 손녀딸이 있는데 고등학교에 다니는 거 같았다. 무슨일인지 왜 개들에게 학대를 하나, 집에 아무도 없나 생각했는데 택배를 시키는 거 보면 그런 거 같지도 않았다.

이 사실을 동물 농장에 제보하였는데 연락이 없었다. 어느 날 한 마리가 보이지 않았다. 겨울이 지나자 나머지 한 마리마저 보이지 않고 개집만 덩그러니 집을 지키고 있었다. 그 주변이 개천 근처에 있다 보니 너구리도 목격할 수 있었다. 겨울에는 빌라 공터에 토끼 가족들이 무리 지어 돌아다니는 것도 볼 수 있었다. 그리고 어느 집은 고양이가 거실을 돌아다닐 수 있도록 창문이 열려 있는 집이 있는데 이곳에 고양이 가족만 해도 10마리가 넘어 보였다.

빌라 화단에 까치가 떨어져 힘겨워하는 모습을 지켜보았는데 까치 가족들로 보이는 2마리가 시끄럽게 울어 대고 있었고, 작은 입으로 쓰러져 있는 까치를 물고 가려고 안갖힘을 쓰고 있는 모습을 보면서 인근 동물병원에 전화를 걸어 구조 요청을 하였으나 조류는 치료할 수 없다는 답변만 들었다.

이 이야기를 우리 딸에게 전하자 가 보자고 해서 갔더니 까치는 이내 숨을 거둔 상태였다. 땅에 묻어 주고 왔는데 아직까지 까치 가족들은 그곳 나무 위에서 울고 있었다. 사람이 동물보다 못한 상황들을 우리는 뉴스를 통해서 많이 보았다. 우리 인간들도 동물들의 가족애를 본받아야 할 것이다.

검도관을 하면서 차량운행을 하려고 할 때 검도관 주변을 맴도는 강아지를 발견하고 주인을 찾아 주었는데 포장마차 하시는 할머니께서 나가라고 풀어 놓은 것이라고 한다. 자기는 못 키운다며 우리보고 키우라고 해서 입양을 한 강아지다. 강아지 이름은 수호라고 했다. 우리 딸이 태어나면서부터 같이 자랐기에 가족이나 다름 없었다. 딸이 3학년 때 나이가 많아 한글날 전날에 무지개 다리를 건너 시골 우리 아버지가 나중에 들어갈 가묘 옆에 묻어 주었다.

이 후에 유기견 센터를 돌아다니며 지금의 믹스견 말티즈와 요크 믹스견인 말키를 입양해 키우고 있다.

이윽고 앵무새 새끼 2마리를 분양 받았는데 너무 어려서 2마리 다 무지개 다리를 건너 수호 옆에 묻어 주고 한 마리 더 분양 받아 새로운 가족이 생기게 되었다.

다섯 손가락 깨물어서 아프지 않은 손가락이 없다.

- 혈육은 다 귀하고 소중함을 비유적으로 이르는 말

온 세상 사람들이 기쁨과 행복을 추구하고 있다. 하지만 그것은 어떤 시장에서도, 어떤 가격으로도 구입 할 수 없다. 왜냐하면 그것은 자기 내면에서 나오는 것이기 때문이다.

- 루실 R. 테일러

공중의 새를 보라 심지도 않고 거두지도 않고 창고에 모아들이지도 아니하되 너희 하늘 아버지께서 기르시나니 너희는 이것들보다 귀하지 아니하냐.

- 마태복음 6:26

산타가 된 택배기사

12월은 크리스마스가 있는 달이다. 이맘때면 부모님들이 자녀들에게 줄 선물을 가장 많이 주문한다. 물론 어린이날에도 마찬가지지만 매번 느끼는 것인데 아이들이 제일 좋아하는 사람들이 택배기사이다. 자기들이 원하는 것을 부모님이 사 주었을 때 갖다주는 사람이 택배 아저씨이기 때문이다.

아파트에 가정 어린이집들이 있다. 오전에 배송을 가다 보면 아이들이 선생님과 친구들 손잡고 산책할 때가 있다. 그런 아이들과 마주치면 아이들이 손을 흔들며 택배 아저씨다 하면서 반갑게 인사를 한다.

택배 아저씨들은 겨울에 돈 받고 선물 나눠 주는 산타로 변한다.
365일이 돈 받고 일하는 산타이지만 12월만큼은 우리들은 산타다.

우리 딸이 초등학교 병설 유치원 때 선생님께 아이들에게 버블쇼 재능 기부가 가능하시냐는 문의를 받고 성탄절 전 월요일에 산타 모자를 쓰고 버블쇼 재능 기부를 한 적도 있다. 우리 딸 유치원 마지막이기에 딸과 아이들에게 즐거운 추억을 선물하고자 택배 배송은 오후로 미루고 아이들과 즐거운 시간을 보낸 기억이 난다.

12월 한 달만큼은 택배사에서 이벤트로 전 기사들에게 산타 모자를 쓰고 배송을 하게 하면 어떨까 생각도 해 본다. 그러면 택배기사에 대한 편견과 이미지가 사뭇 달라지지 않을까 생각해 본다.

원님 덕에 나팔 분다.
  − 남의 덕으로 분에 넘치는 대접을 받았음을 이르는 말

시간을 갖고 생각하라. 그러나 행동할 시기가 오면 생각을 멈추고 실행하라.

− 나폴레옹

다문화 배송기사

우리나라도 이젠 다문화 시대에 여러 나라들의 사람들과 공존하며 살고 있다.

충남 아산에 외국인이 제일 많이 살고 있다는 이야기를 들은 적이 있다.

그렇다 보니 분류부터 배송까지 외국인이 하는 모습도 적잖이 볼 수 있다.

배달 라이더분들도 외국인을 종종 볼 수 있다.

우리 지역만 그런지는 모르겠지만…

핸드폰 어플만 잘 사용할 줄 알고 운전만 할 줄 안다면 배송에는 별 무리가 없겠지만 고객 응대는 어떻게 하는지 궁금하다.

전에 일하던 택배 회사에서 중국 청년이 택배기사로 일하러 온 적이 있다.

마침 내 고객 중에 중국인이 있었는데 착불비를 입금 안 한 상태였다.

몇 번 전화를 걸었지만 한국말 못 한다는 말만 되풀이하였다.

그 친구에게 이런 이야기를 했더니 그 친구가 직접 통화하며 해결된 사건도 있었다.

그 친구에게 뭐라고 이야기했냐고 물었더니

"중국인 망신시키지 말고 앞으로 택배 받고 싶으면 택배비 빨리 입금하라고 했어요."

우리도 외국인과 소통이 잘 안 되는데 외국인들이 택배 배송이나 음식 배달을 하는 거 보면 존경스럽기까지 한다.

  이제 우리나라도 외국인이 한국인을 고용하는 나라가 되어 가고 있다.

  얼마 전 아는 소장님으로부터 전화가 왔다.

  "민원씨, 내 구역 외국인인데 고객이 주소를 잘못 기입하여 민원씨 구역으로 되어 있는데 지금 민원씨 있는 곳으로 찾으러 갈 거예요. 전화 오면 잘 받으세요."

  그런데 확인해 보니 착불이었다.

  배송지에서 기다리고 있는데 외제차 오픈카가 도착하더니 외국인이 카드를 내밀었다.

  카드 안 된다고 했더니 현금을 주신 적이 있는데, 그 순간 외국인이라 해서 너무 얕은 생각을 했던 내 자신이 부끄러웠다.

  남의 흉 한 가지면 제 흉 열 가지
           – 사람은 흔히 남의 흉을 잘 보나 자기 흉은 따지고 보면
              그보다 많으니 남의 흉을 보지 말라는 뜻

  인생에는 규칙이 없다. 우리는 무언가를 이루려고 노력할 뿐이다.
                                 – 토마스 에디슨

  나의 가는 길을 오직 그가 아시나니 그가 나를 단련하신 후에는 내가 정금 같이 나오리라.
                                        – 욥기 23:10

우기면 장땡?

얼마전 고객님으로부터 문자 한 통을 받았다.

"기사님이 반품 물건 잘못 가져가셨어요. 확인하시고 다시 갖다주세요."

나는 분명 잘못 가지고 가지 않았다.

전날 반품 송장이 나와 전화드렸더니 병원에 있다고 내일 다시 방문해 달라 했다.

내용물이 뭐냐고 물어보시길래 송장에 나와 있는 대로 "핑크 구매 의사 없음'이라 적혀 있어요."라고 했더니, "아! 알았어요. 내일 다시 오세요."하고 통화를 마쳤다.

다음 날 그 집에 반품 송장이 2개 나왔다.

또다시 전화를 걸어 반품 문 앞에 놓아 달라 했더니 또, 내용물이 뭔지 물으셨다.

하나는 베개 커버이고 하나는 어제 '핑크 구매 의사 없음'이라고 했더니 또 "아, 네. 문 앞에 놓을게요."라고 말하고 통화는 종료되었다.

문 앞에 두 개의 반품이 놓여 있었다.

하나는 베개 커버라고 원송장이 붙어 있었고, 하나는 팬츠 3종이라고 매직으로 적혀 있었다.

베개는 원송장이 있어 붙였고, 핑크는 팬츠 3종에 붙여 보냈다.

일주일 후 롯*쇼핑몰에서 반품입고가 안 되었다고 고객한테 문자가 온 것이다.

핑크는 홈*쇼핑인데 우산이란다.

고객이 물건을 잘못 내어 놓은 것이다.

확인하고 전화드렸더니 고객님은 문 앞에 반품을 안 내어 놓고 나한테 직접 전달했다고 우기시는 상황이다.

내가 고객님한테 팬츠 3종이라고 말했다 한다.

"통화 녹음 들어 보세요. 저는 팬츠 3종 반품송장이 없는데 어떻게 팬츠 3종을 얘기할 수 있습니까?"

통화 녹음에도 분명 '핑크 구매 의사 없음'이라고 했는데…

고객님은 원송장에 팬츠 3종이라고 붙어 있는데 확인도 안 하고 가져갔다고 우기는 상황이다.

그래서 cctv 확인 결과 원송장은 안 붙어 있었다.

팬츠 3종이라고 적혀는 있지만 이 물건이 우산인지 팬츠 3종인지 내가 알 수 있을까요?

'핑크 구매 의사 없음'이 우산인지, 팬츠인지?

"제가 물건을 착각해서 잘못 내어 놓았는데 어떻게 방법이 없을까요?"라고 먼저 이야기를 해야 하는 것이 맞는 게 아닐까요?

반품 업체에 전화해서 물건이 바뀌었다고 다시 보내 달라고 했습니다.

고객님한테 물건 찾아서 보내 준다고 했고, 저는 고객님과 직접 대면해서 반품 수거하지 않았다고 하니 그제서야 자기가 착각했다고 미안하다고 사과는 했습니다만, 우긴다고 다 해결되는 것은 아닙니다.

같은 말이라도 '아' 다르고 '어' 다르다.
- 비슷한 말이라도 듣기 좋은 말이 있고
듣기 싫은 말이 있듯이 말을 가려 하라는 의미

보지 않는 곳에서 나를 좋게 말하는 사람은 진정한 친구이다.
- 토마스 플러

너희의 비판하는 그 비판으로 너희가 비판을 받을 것이요 너희의 헤아리는 그 헤아림으로 너희가 헤아림을 받을 것이니라.
- 마태복음 7:2

경기가 안 좋은가

대리점 단톡방에 올라온 글이다.

동료 기사가 배송하는 아파트 주민이 사진과 함께 문자를 보내 주셨다고 한다.

기사님이 배송하러 가는 것을 보고 어떤 사람이 택배차를 기웃거리더니 차 안에서 무언가 꺼내 가는 것을 목격하고 사진을 찍어 보내 주셨다고 한다.

차 안에서 무언가를 꺼내더니 근처 벤츠에 앉아 음료수를 마시면서 담배를 피우고 사라졌다고 한다.

동료 기사에게 물어보니 다행히 지갑은 차 안에 숨겨 놓아 괜찮았는데, 담뱃갑에서 담배 10개피가 없어졌다고 한다.

아마도 지갑을 찾으려다가 못 찾고 담배만 빼 가고 허탈해서 벤츠에 앉아 담배 한 대 피우고 떠난 것 같다.

택배기사들이 항상 문을 안 잠그고 다닌다는 것을 이용한 거 같다.

정말 경제가 안 좋긴 안 좋은가 보다.

얼마 전 기사에서는 택배기사가 배송 나가는 순간을 기다렸다가 차를 훔쳐 가는 기사도 있었다.

가지 따먹고 외수한다.
- 남의 눈을 피하여 나쁜 짓을 하고 시치미를 뗀다는 뜻
(외수: 남을 속이는 꾀)

나쁜 습관의 변화는 삶의 변화로 이어진다.
- 제니 크레이그

네 이웃의 집을 탐내지 말지니라 네 이웃의 아내나 그의 남종이나 그의 여종이나 그의 소나 그의 나귀나 무릇 네 이웃의 소유를 탐내지 말지니라.
- 출애굽기 20:10

달라진 시선

코로나 이후로 택배기사들에 대한 인식이 조금씩 달라지기 시작했다.

이 책을 쓰면서 지면으로나마 그분들께 감사의 인사를 드리고자 한다.

내 배송 구역에 지역 대형마트에서 출구에 항상 다양한 행사들을 하는데 행사 사장님들이 바뀔 때마다 택배가 온다. 가끔 먹거리 행사 때 사 먹으려고 하면 무료로 주시는 사장님들.

핸드폰 대리점에서 무상으로 필름 교체해 주시는 사장님.

김밥집에서 김밥을 무료로 주시는 사장님.

슈퍼에서 음료수, 나박김치, 과일, 겨울에는 붕어빵, 오뎅을 무료로 주시는 사장님.

지금은 없어졌지만 무허가 포장마차 사장님은 내 또래였는데 없는 메뉴도 만들어 주시곤 하셨죠.

배송 구역 식당에 가면 음료수도 서비스로 주시는 사장님.

카페에서는 음료도 무료로 주시는 사장님들 덕분에 택배 배송이 힘들다기보다는 정을 나누는 것 같아 늘 행복합니다.

사장님들의 관심과 응원이 저희 배송기사들에게는 큰 힘으로 되돌아옵니다.

사장님들의 사업도 늘 번창하시길 기도하겠습니다.

에필로그

우리 가족은 한 달에 한 번씩은 영화를 보려고 노력한다.
영화를 마지막까지 보면 자막이 올라가는 것을 볼 수 있다.
이 영화를 만들기 위해 애쓰신 분들을 분야별로 한 명씩 나열한다.
관객들은 그 자막에는 별 관심을 가지지 않지만 영화에 직접 참여한 사람들은 자기 이름이 올라가는 것을 끝까지 찾아서 볼 것이다.
그러면서 에필로그 영상이 나오면서 영화는 완전히 끝이 난다.
나도 영화를 보면서 이 책을 쓰기까지 도움을 주신 분들을 나열하고자 한다.
연말에 연예대상 수상 소감처럼 소개할까 한다.

먼저 영유아 때 우리 딸을 여기저기 돌봄을 부탁하며 신랑을 도와 택배 일을 하고 있는 사랑하는 나의 아내 이명진.

이제 중학교 입학을 앞두고 있는 사랑스런 우리 딸, 아빠가 힘들고 아플 때 아파트 엘리베이터를 잡아 주고 같이 배송을 도와준 이쁜 딸 이은혜.

비가 오나 눈이 오나 늘 아들 걱정에 잠 못 이루시는 우리 아버지, 어머니.

늘 옆에 사시면서 사위 걱정으로 물심양면으로 도와주시는 장인어른,

장모님.

남동생이 택배 한다고 주변 택배기사들 챙기시는 큰누나, 매형, 조카 성근이.

택배기사 힘들다고 자기 집으로 택배 보내지 말라는 작은누나, 병마와 싸우고 계시는 매형, 조카 태용, 얼마 전 결혼해 아픈 아들을 출산한 희연이 힘내고.

매형이 다치거나 아플 때마다 일을 도와준 처남과 조카 하윤, 하민.

힘든 택배일 한다고 우리 가족을 위해 늘 기도해 주시는 생명샘 동천교회 박귀환 목사님.

저를 위해 밤낮없이 기도로 응원해 주시는 쿠웨이트 이용운 장로님과 셀 식구들.

검도관 그만두고 쇼핑몰을 할 수 있도록 도와주신 한내음 이종권 장로님.

나의 택배 에피소드를 재미있다고 응원해 주시는 정훈씨, 수연씨, 상학씨, 지은씨.

택배기사들 기사가 거론될 때마다 전화로 욕부터 안부 묻는 택시기사 친구 현철이.

택배 힘들면 언제든지 자기한테 오라고 하는 경*택배 지점장 준모.

바쁜 나를 이해하며 항상 모임을 내 시간에 맞춰 주는 나의 프렌드 영주, 종인, 문현이.

내가 아프고 다칠 때마다 제일 먼저 전화하는 친구 동준이.

중학생 때부터 늘 지금까지 나의 영원한 영적 스승이신 강동수정교회 안효창 목사님은 요양원 목회를 하시며 지금까지 저에게 매일 설교를 보내주시며 우리 가족을 위해 기도해 주시는 아버지.

이 책을 쓸 수 있도록 힘을 주신 위드제이 서정미 교수님.

내가 씨*이 택배에 이직할 수 있도록 기다려 주신 우리 대리점 천종철 소장님.

오지랖 때문에 마음고생하며 열심히 땀 흘리며 일하시는 우리 동료 기사님들.

거래처 사장님으로 만나 같은 업종 소장님으로 다시 만나 이 책을 마무리할 수 있도록 힘과 아이디어를 주신 정찬태 소장님으로 인해 이 책의 제목이 탄생함에 감사드립니다.

더 많은 분들께 감사 인사를 드려야 하나 끝이 없을 것 같아 여기서 마무리하며, 아울러 택배일에 종사하시면서 생을 달리하신 모든 분들과 유가족들을 위로하며 전국의 택배기사님들의 안전과 건강을 응원합니다.

한번 체크해 보세요 (기사님)

1. 택배 하면서 감동적인 사건이나 고마운 분들이 있었는가?

　_____

2. 택배 하면서 가장 진상 고객은 누구였는가?

　_____

3. 택배 하기 전에 나는 어떤 일을 하였는가?

　_____

4. 어떤 경로로 택배를 시작했는가?

　_____

5. 택배를 하면서 후회한 적이 있는가? (이유는?)

　_____

6. 택배를 안 했다면 나는 지금 무엇을 하고 있을까?

　_____

7. 나의 MBTI는?
_____

8. 택배를 하면서 나는 가정에 얼마나 신경을 쓰고 있었는가?
_____

9. 택배를 하면서 오로지 나만의 시간을 가진 적이 있는가?
_____

10. 꿈꾸었던 돈을 다 모았다면 지금부터 어떻게 살아가고 싶은가?
_____

11. 내가 가족에게 듣고 싶은 위로의 말이 있다면 무엇인가?
_____

12. 가족에게 하고 싶은 말이 있다면 무엇인가?
_____

※ 작성하시고 메일로 보내 주시면 감사하겠습니다.

한번 체크해 보세요 (고객님)

1. 나는 한 달에 몇 번 택배를 이용하는가?
   _____

2. 주로 배송하는 택배사가 어디인가?
   _____

3. 나는 해외직구를 이용한 적이 있는가? [있으면 한 달에 몇 번?]
   _____

4. 해외직구를 이용한다면 그 이유는?
   _____

5. 해외직구를 이용해 본 결과 배송기간은 어느 정도인가? [만족하는가]
   _____

6. 나는 배송기사님과 트러블이 있었던 적이 있는가? [무엇 때문에?]
   _____

7. 나는 배송기사님께 감사의 문자나 간식을 제공해 준 적이 있는가?

　　_____

8. 내 지역의 배송기사님 중 가장 친절한 배송기사님은 누구인가?

　　_____

9. 배송 속도에 대해선 어떻게 생각하는가?

　　_____

10. 배송기사님께 바라는 점이 있다면 무엇인가?

　　_____

11. 나의 MBTI는?

　　_____

12. 이 책을 읽고 택배기사님들에 대한 시선에 변화가 생겼는가?

　　_____

※ 작성하시고 메일로 보내 주시면 감사하겠습니다.

택배기사 우리들의 이야기

ⓒ 이민원, 2025

초판 1쇄 발행 2025년 10월 1일

지은이	이민원
펴낸이	이기봉
편집	좋은땅 편집팀
펴낸곳	도서출판 좋은땅
주소	서울특별시 마포구 양화로12길 26 지월드빌딩 (서교동 395-7)
전화	02)374-8616~7
팩스	02)374-8614
이메일	gworldbook@naver.com
홈페이지	www.g-world.co.kr

ISBN 979-11-388-4756-8 (03810)

- 가격은 뒤표지에 있습니다.
- 이 책은 저작권법에 의하여 보호를 받는 저작물이므로 무단 전재와 복제를 금합니다.
- 파본은 구입하신 서점에서 교환해 드립니다.